Arndt Brockmann, Reinhold Duczek, Markus Fox, Günter Hellmers, Karin Jockel, Marianne Kiepe, Renate Villmow, Ralf Wettlaufer, Annika Wiegard

Einzelhandel

1. Ausbildungsjahr im Einzelhandel: Lernfelder 1 bis 5 – neuer Lehrplan

Arbeitsbuch

2. Auflage

Bestellnummer 5908

Winklers
westermann

Die in diesem Produkt gemachten Angaben zu Unternehmen (Namen, Internet- und E-Mail-Adressen, Handelsregistereintragungen, Bankverbindungen, Steuer-, Telefon- und Faxnummern und alle weiteren Angaben) sind i. d. R. fiktiv, d. h., sie stehen in keinem Zusammenhang mit einem real existierenden Unternehmen in der dargestellten oder einer ähnlichen Form. Dies gilt auch für alle Kunden, Lieferanten und sonstigen Geschäftspartner der Unternehmen wie z. B. Kreditinstitute, Versicherungsunternehmen und andere Dienstleistungsunternehmen. Ausschließlich zum Zwecke der Authentizität werden die Namen real existierender Unternehmen und z. B. im Fall von Kreditinstituten auch deren IBANs und BICs verwendet.

Die in diesem Werk aufgeführten Internetadressen sind auf dem Stand zum Zeitpunkt der Drucklegung. Die ständige Aktualität der Adressen kann vonseiten des Verlages nicht gewährleistet werden. Darüber hinaus übernimmt der Verlag keine Verantwortung für die Inhalte dieser Seiten.

Druck: westermann druck GmbH, Braunschweig

service@winklers.de
www.winklers.de

Bildungshaus Schulbuchverlage Westermann Schroedel Diesterweg Schöningh Winklers GmbH, Postfach 33 20, 38023 Braunschweig

ISBN 978-3-8045-**5908**-0

westermann GRUPPE

Vorwort

Dieses Arbeitsbuch beinhaltet Aufgaben und Lernsituationen für die Lernfelder 1 bis 5 der Ausbildung im Einzelhandel.

Für jedes Lernfeld gibt es **Lernsituationen,** die speziell auf die Ausbildung im Einzelhandel zugeschnitten sind.

Für jedes Kapitel gibt es **Erarbeitungsaufgaben** zur Erschließung des Lernstoffs sowie **Zusatzaufgaben** zur Übung und Festigung des Lernstoffs (Förderaufgaben) und **Forderaufgaben** zur Vertiefung der Kenntnisse.

Die Kapitelstruktur ist identisch mit dem Aufbau der Lernfelder im Lehrbuch „EINZELHANDEL, 1. und 2. Ausbildungsjahr“ (Best.-Nr. 5906). In diesem Buch befinden sich für jedes Kapitel **Kompetenzraster,** die den Schülerinnen und Schülern helfen, ihre Kenntnisse und Fähigkeiten einzuschätzen, die sie bereits für die einzelnen Lernfelder erworben haben. Die **Kompetenzraster** werden auch als Download zur Best.-Nr. 5906 angeboten.

Bevor die Schülerinnen und Schüler sich mithilfe des Kompetenzrasters prüfen, sollten sie den Unterrichtsstoff durch das Bearbeiten der **Erarbeitungsaufgaben** verstanden und geübt haben. Stellen sie fest, dass sie die im Kompetenzraster dargestellten Kompetenzen nicht oder eher nicht beherrschen, können sie diese anhand der **Zusatzaufgaben** in diesem Buch erarbeiten. Stellen sie fest, dass sie bereits alle Kompetenzen beherrschen, können sie ihre Kenntnisse und Fähigkeiten mithilfe der **Forderaufgaben** in diesem Arbeitsbuch erweitern.

Die farbliche Führung, das Register am Seitenrand und ein detailliertes Inhaltsverzeichnis helfen, die jeweiligen Aufgaben schnell zu finden.

Für Verbesserungsvorschläge und Anregungen sind Verlag und Autoren stets dankbar.

Winklers Verlag, Frühjahr 2017

1 Das Einzelhandelsunternehmen repräsentieren

Lernsituation 1: Rechtliche Grundlagen der Berufsausbildung

Situation

Die beiden Schulfreunde Jennifer Heisterkamp (18 Jahre) und Mirco Sobotta (17 Jahre) haben das Vorstellungsgespräch bei der Trendino Computer-Shop GmbH erfolgreich hinter sich gebracht.

Bereits einige Tage später ruft Mirco nach der Schule überglücklich bei Jennifer an: „Der Vertrag von Trendino ist da. Ich kann eine Ausbildung zum Verkäufer beginnen! Jetzt müssen nur noch meine Eltern unterschreiben, dann schicke ich den Vertrag sofort zurück." Jennifer ist verwundert und fragt: „Was haben denn deine Eltern mit dem Ausbildungsvertrag zu tun? Wir sind doch die, die ausgebildet werden! Meine Eltern wollen bestimmt nicht unterschreiben – die meinen schon seit Tagen, ich sollte doch lieber meinen Schulabschluss verbessern und noch keine Ausbildung machen. Ich fände es ja auch ganz schön, wenn ich einen Realschulabschluss hätte – aber im Moment bin ich einfach nur froh, dass ich die Hauptschule hinter mir habe. Ich will jetzt endlich richtig arbeiten und mein eigenes Geld verdienen!"

Material

Das Abschlusszeugnis der Berufsschule schließt den Hauptschulabschluss nach Klasse 10 (Sekundarabschluss I) ein. Das Abschlusszeugnis der Berufsschule schließt die Fachoberschulreife ein, wenn

1. das Abschlusszeugnis einen Gesamtnotendurchschnitt von mindestens 3,0 aufweist und
2. eine Berufsausbildung in einem anerkannten Ausbildungsberuf mit Erfolg abgeschlossen wurde und
3. ausreichende Fremdsprachenkenntnisse (Englisch oder eine andere Fremdsprache) nachgewiesen werden.

M 1 Regelung zum Erwerb von Schulabschlüssen

Situation
Erarbeitung
Zusatz
Forder

Arbeitsaufträge zur Lernsituation 1

1. Erarbeiten Sie die Pflichten eines Auszubildenden, die sich aus dem Berufsausbildungsverhältnis ergeben. Nutzen Sie dazu die Informationen auf der Rückseite Ihres Ausbildungsvertrags. Geben Sie zu den Pflichten jeweils ein Praxisbeispiel.

Pflichten des Auszubildenden	Beispiel

2. Begründen Sie an zwei Beispielen, dass die Pflichten des Auszubildenden die Rechte des Ausbildenden sind.

....

....

....

....

....

....

3. Erarbeiten Sie mindestens fünf Rechte eines Auszubildenden, die sich aus dem Berufsausbildungsverhältnis ergeben. Nutzen Sie dazu die Informationen auf der Rückseite Ihres Ausbildungsvertrags. Geben Sie zu den Rechten jeweils ein praxisnahes Beispiel an.

Rechte des Auszubildenden	Beispiel

4. Begründen Sie an zwei Beispielen, dass die Rechte des Auszubildenden die Pflichten des Ausbildenden sind.

....

....

....

....

....

....

Situation
Erarbeitung
Zusatz
Forder

5. Nennen Sie die Voraussetzungen, unter denen mit dem Berufsschulabschluss die folgenden Abschlüsse erworben werden können (vgl. M 1, S. 7).

a) Hauptschulabschluss nach Klasse 10 (Sekundarabschluss I)

....

....

....

....

....

b) Fachoberschulreife

....

....

....

....

....

6. Nennen Sie die Voraussetzungen, unter denen das Berufsausbildungsverhältnis gekündigt werden kann.

....

....

....

....

....

....

....

....

....

....

....

....

....

....

7. Arbeiten Sie nun in Gruppen.

a) Vergleichen Sie Ihre Arbeitsergebnisse.

b) Fassen Sie Ihre Erkenntnisse über die Ausbildung auf einem Plakat zusammen. Stellen Sie das Plakat anschließend Ihren Mitschülerinnen und Mitschülern vor.

Lernsituation 2: Unternehmensleitbild

Situation

Mitarbeiter der Trendino Computer-Shop GmbH sitzen in der Pause zusammen. Frau Lange aus dem Einkauf berichtet von ihrem Vormittag: „... und dann kam da dieses Angebot aus Asien. Die können uns mit den neuesten PCs beliefern und haben dabei richtig günstige Preise. Na ja, aber man hört ja immer öfter, dass die dort unter ganz anderen Bedingungen produzieren. Umweltauflagen soll es dort z. B. gar nicht geben. Ob ich den Hersteller mal dazu befragen sollte? Und würden wir die PCs dann wirklich nicht von denen kaufen?“.

Herr Schröder aus dem Verkauf findet diese Bedenken völlig überflüssig: „Natürlich kaufen wir die, wenn die Qualität stimmt! Wir müssen unseren Kunden doch gute Angebote machen können – sonst kaufen die woanders und wir können hier zumachen!“ Seine Kollegin Frau Achilles meint: „Nun beruhig dich mal! Das haben wir am Ende sowieso nicht zu entscheiden. In meiner alten Firma gab es über so etwas Grundsätze, die hingen dort an der Wand. Da wussten dann gleich alle Bescheid. Hier, so sah das etwa aus.“ Frau Achilles hatte sich inzwischen ihr Laptop genommen und im Internet zum Stichwort „Unternehmensleitbild“ gesucht (vgl. M 1).

Material

UNSER LEITBILD
Unser Leitbild soll Mitgliedern, Kunden, Mitarbeitern und der interessierten Öffentlichkeit unsere Zukunftsorientierung und unseren Werterahmen näher bringen.
Wir sind Landgard
Unsere Vision sind erfolgreiche und langfristige Partnerschaften mit einer konsequenten Arbeitsteilung – der Erzeuger produziert und Landgard vermarktet.
Langfristige Partnerschaft
Landgard setzt sich für permanente Optimierung und kontinuierliches Wachstum ein.
Förderung von Innovationen
Landgard hat den Anspruch auf Marktführerschaft in seinen Tätigkeitsfeldern.
Optimierung der Prozesse & Organisation
Wir konzentrieren uns auf die Nähe zu unseren Kunden.
Umwelt
Ressourcenschonender Umgang mit der Natur sowie Nachhaltigkeit sind zentrale Grundsätze unseres Handelns.
WERTE
Respekt
Leistung
Partnerschaft
Loyalität
Transparenz
Landgard

resch Maschinenbau GmbH
Wir fertigen heute mit dem Wissen von morgen!
UNTERNEHMENSLEITBILD
Unser Leitsatz: Wir fertigen heute mit dem Wissen von morgen!
Unser Ziel ist es, durch perfekte Produkte und individuelle technische Lösungen einen Mehrwert für unsere Kunden zu erzeugen.
Um dieses Ziel realisieren zu können, halten wir uns an folgende Werte:
Unsere Mitarbeiter ... sind unsere größte Stärke
Unsere Kunden ... sind unser wertvollstes Gut
Unsere Technologie ... ist das Spiegelbild unseres Denkens
Unsere Führung ... ist zielorientiert und kooperativ
Unsere Wettbewerber ... sind unser stärkster Antrieb
Unsere Lieferanten ... sind eine wichtige Basis unseres Erfolgs
Unsere Umwelt ... ist die Quelle unserer Existenz

M 1 Beispiele für Unternehmensleitbilder

Arbeitsaufträge zur Lernsituation 2

1. Nehmen Sie eine Situationsanalyse vor und klären Sie mögliche Fehler.

....

....

2. Nennen Sie die Vorteile eines Unternehmensleitbildes.

....

....

Situation
Erarbeitung
Zusatz
Forder

3. In einem Unternehmensleitbild wird nicht nur auf das Verhalten des Unternehmens gegenüber Lieferanten, sondern auch gegenüber Mitarbeitern, Kunden oder Mitbewerbern eingegangen. Darüber hinaus gibt es noch weitere Institutionen bzw. Gruppen, die im Unternehmensleitbild erwähnt werden können. Vervollständigen Sie unten stehende Tabelle, indem Sie die Ansprüche der verschiedenen Gruppen an ein Unternehmen eintragen.

Gruppen	Ansprüche
Gesellschafter	
Kunden	
Mitarbeiter	
Lieferanten	
Wettbewerber	
Staat	

4. Erstellen Sie ein möglichen Unternehmensleitbild für die Trendino Computer-Shop GmbH. Als Struktur für ein Leitbild hat sich folgendes Gerüst bewährt:

1. Leitidee	Der Sinn oder die Mission eines Unternehmens wird in einem Kernsatz zusammengefasst.
2. Leitsätze	In diesen Kernaussagen werden grundlegende Werte, Ziele und Erfolgskriterien festgelegt und bezogen auf Kompetenzen, Zielgruppen, Mitarbeiter usw. definiert.
3. Konkretisierungen	Hier werden die formulierten Leitsätze konkret auf einzelne Arbeitsbereiche angewendet.
4. Motto	In einem emotional ansprechenden Satz wird noch einmal das Leitbild vermittelt.

1.1 Ausbildung und Berufstätigkeit im Einzelhandel

Erarbeitungsaufgaben

1. Im Rahmen Ihrer Ausbildung sind Sie an verschiedenen Orten tätig.

a) Nennen Sie die Orte, an denen Ihre Ausbildung stattfindet und geben Sie an, welche Inhalte Sie dort jeweils lernen.

....

....

b) Erläutern Sie, warum die Ausbildung zur Verkäuferin bzw. zur Einzelhandelskauffrau auch „duale Berufsausbildung“ genannt wird.

....

....

....

2. Beschreiben Sie die konkreten Aufgaben der Berufsschule, des Ausbildungsbetriebs und der berufsständischen Kammern im Rahmen der Ausbildung.

Aufgaben ...		
der Berufsschule	**des Ausbildungsbetriebs**	**der berufsständischen Kammern, z. B. IHK**

3. Für Ihre Ausbildung gibt es verschiedene Rechtsvorschriften. Kreuzen Sie an, welcher Inhalt in welcher Rechtsvorschrift geregelt wird.

Inhalte	Berufsbildungsgesetz	Ausbildungsverordnung	Ausbildungsrahmenplan
Vorschriften für die Inhalte des Berufsausbildungsvertrags			
sachliche und zeitliche Gliederung der Fertigkeiten und Kenntnisse			
Bezeichnung des Ausbildungsberufs			
Ausbildungsdauer			
Ausbildungsberufsbild			
Ausbildungsrahmenplan			
Prüfungsanforderungen			
Umfang der zu beherrschenden Kenntnisse und Fähigkeiten für die Zwischen- und Abschlussprüfung			

4. Bestimmen Sie, ob die nachfolgenden Angaben im Ausbildungsvertrag niedergeschrieben sein müssen.

Angabe im Ausbildungsvertrag	ja	nein
Beginn und Dauer der Berufsausbildung		
Höhe der Vergütung		
Höhe der Sozialabgaben		
Ziel der Berufsausbildung		
Ausbildungsmaßnahmen außerhalb der Ausbildungsstätte		
Ziel der charakterlichen Bildung		
Ausbildungsmaßnahmen außerhalb der Berufsausbildung		
Dauer der Probezeit		
Dauer der regelmäßigen täglichen Arbeitszeit		
detaillierte Auflistung aller Tarifverträge und Betriebs- oder Dienstvereinbarungen, die auf das Berufsausbildungsverhältnis anzuwenden sind		
Hinweis auf die Unkündbarkeit des Ausbildungsverhältnisses		
Dauer des Urlaubs		

5. Die 17-jährige Maria befindet sich im ersten Ausbildungsjahr zur Verkäuferin. In der Berufsschule unterhält sie sich mit der 20-jährigen Alina aus dem zweiten Ausbildungsjahr. In dem Gespräch erfährt sie, dass Alina auch am sogenannten Hauptberufsschultag nach sechs Stunden Unterricht anschließend noch in ihren Betrieb gehen muss. Beantworten Sie die folgenden Fragen, indem Sie auch die entsprechenden Paragrafen der zuständigen Gesetze (BBiG und JArbSchG) nennen.

a) Maria ist ein wenig verunsichert, da sie noch nie am Hauptberufsschultag in den Betrieb gegangen ist und nun befürchtet, es falsch gemacht zu haben. Klären Sie für beide Auszubildende die Rechtslage.

....

....

....

....

b) Künftig soll Maria für die Zeit in der Berufsschule keine Ausbildungsvergütung mehr bekommen, weil ihr Chef in der heutigen Zeit sparen will. Wie ist die Rechtslage?

....

c) Maria möchte sich über die Kündigungsmöglichkeiten während der Ausbildung informieren. Zeigen Sie diese aus der Sicht der Auszubildenden und des Ausbildenden während und nach der Probezeit auf.

	aus Sicht der Auszubildenden	aus Sicht des Ausbildenden
während der Probezeit		
nach der Probezeit		

Situation
Erarbeitung
Zusatz
Forder

6. Entscheiden Sie, ob in den folgenden Fällen gegen Bestimmungen des Berufsbildungsgesetzes verstoßen wird. Begründen Sie Ihre Entscheidung und nennen Sie jeweils die rechtliche Grundlage.

Fall	Lösung
a) Der Auszubildende Tom weigert sich, die Buchungsbelege zu kontieren.	
b) Ein Auszubildender zum Rechtsanwaltsfachangestellten raucht während einer Mandantenbesprechung, obwohl sein Ausbilder ihm das untersagt.	
c) Der Auszubildende Jan weigert sich, an einer innerbetrieblichen Fortbildung teilzunehmen.	
d) Die Auszubildende Jana erzählt ihrem Freund, dass der Kunde Mayer Einkünfte in Höhe von 58 000,00 € hat.	
e) Der Ausbilder lässt einen Auszubildenden zum Verkäufer eine Elektroleitung reparieren.	
f) Der Ausbilder lässt den kaufmännischen Auszubildenden Sandro einmal im Monat das Firmenfahrzeug reinigen.	
g) Der Ausbilder ist der Meinung, dass der Auszubildende seine eigenen Schreibwerkzeuge für die Büroarbeiten benutzen müsse.	

7. Entscheiden Sie, ob die Aussagen zum JArbSchG richtig **R** oder falsch **F** sind. Korrigieren Sie die falschen Aussagen in Ihrem Arbeitsheft.

a) Das Jugendarbeitsschutzgesetz gilt für Jugendliche und Auszubildende, die das 18. Lebensjahr noch nicht vollendet haben. ☐

b) Die Wochenarbeitszeit beträgt max. 40 Stunden bei einer Fünftagewoche. ☐

c) Bei einer Arbeitszeit von täglich 4 bis 6 Stunden stehen dem Jugendlichen 45 Minuten Pause zu. ☐

d) Der Urlaub für 16-Jährige beträgt mindestens 30 Werktage. ☐

e) Mehrarbeit ist nicht zulässig. ☐

f) Mehrarbeit ist im Rahmen der gesetzlichen Bestimmungen zulässig. ☐

g) Akkordarbeit ist in besonderen Fällen zulässig. ☐

h) Die Berufsschulzeit wird ausschließlich der Pausen auf die Arbeitszeit angerechnet. ☐

i) Für die Teilnahme an der Zwischenprüfung muss keine Freistellung erfolgen. ☐

j) Für die Teilnahme an der Abschlussprüfung muss eine Freistellung erfolgen. ☐

k) Die Freizeit muss täglich mindestens 14 Stunden betragen. ☐

l) Es darf keine Beschäftigung zwischen 20:00 Uhr und 6:00 Uhr erfolgen (mit wenigen Ausnahmen, z. B. im Gastronomiebereich). ☐

Situation
Erarbeitung
Zusatz
Forder

Zusatzaufgaben

1. Erläutern Sie die Gemeinsamkeiten und Unterschiede zwischen dem Berufsbildungsgesetz und der Verordnung über die Ausbildung im Einzelhandel (Ausbildungsverordnung). Nutzen Sie dabei die folgenden Stichpunkte.

gesetzliche Grundlage – gilt nur für den Einzelhandel – sachliche und zeitliche Gliederung – Vorschriften für einen Ausbildungsvertrag

....

....

....

....

....

....

....

....

2. Ergänzen Sie den folgenden Text zum Ausbildungsvertrag.

Nach dem Berufsbildungsgesetz wird der Ausbildungsvertrag zwischen dem Auszubildenden und dem .... abgeschlossen. Der Vertrag muss .... geschlossen werden und ist von beiden Vertragsparteien zu unterschreiben. Ist der Auszubildende noch nicht volljährig, müssen auch seine .... unterschreiben. Eine Ausfertigung der Niederschrift ist dem Auszubildenden bzw. seinen gesetzlichen Vertretern unverzüglich auszuhändigen.

Der Ausbildungsvertrag muss Angaben zu folgenden Punkten enthalten:

....

....

....

....

....

....

....

....

....

....

3. Ergänzen Sie die Aussagen zu den Regelungen über die Ausbildung, indem Sie ihnen den richtigen Satzanfang zuordnen. Tragen Sie jeweils die entsprechende Ziffer in das Kästchen ein.

Satzanfang	
1	Die Ausbildungsordnung
2	Der Ausbildungsrahmenplan
3	Das Ausbildungsberufsbild
4	Der Berufsausbildungsvertrag

	Aussagen
	... beinhaltet die Fertigkeiten und Kenntnisse, die Gegenstand der Berufsausbildung sind.
	... enthält Angaben über Beginn und Dauer der Berufsausbildung, die Dauer der regelmäßigen täglichen Ausbildungszeit und die Dauer der Probezeit.
	... enthält die Bezeichnung des Ausbildungsberufs, der Ausbildungsdauer, eine Anleitung zur sachlichen und zeitlichen Gliederung der Ausbildung.
	... hat u. a. die Bezeichnung des Ausbildungsberufs, die Ausbildungsdauer, eine Anleitung zur sachlichen und zeitlichen Gliederung der Fertigkeiten und Kenntnisse sowie die Prüfungsanforderungen zu beinhalten.
	... ist eine Anleitung zur sachlichen und zeitlichen Gliederung der zu vermittelnden Fertigkeiten und Kenntnisse.
	... muss spätestens vor Beginn der Berufsausbildung schriftlich niedergelegt und unterzeichnet werden.
	... wird in das Verzeichnis der Berufsbildungsverhältnisse bei der IHK eingetragen.

4. Arbeitende Jugendliche und Auszubildende unter 18 Jahren werden durch das Jugendarbeitsschutzgesetz (JArbSchG) vor Gefahren und Überforderung geschützt. Als Jugendliche bezeichnet man hier Personen, die mindestens 15 Jahre alt, aber noch nicht volljährig sind. Die Beschäftigung von Kindern (Personen unter 15 Jahren) ist verboten.
Schreiben Sie zusammenfassend die wesentlichen Bestimmungen des JArbSchG zu den in der Tabelle genannten Stichpunkten heraus.

Regelungen zu ...	Bestimmungen des JArbSchG
Arbeitszeit	
Ruhepausen	
Freizeit	
Berufsschule	
Urlaub	
Gesundheitliche Betreuung	
Beschäftigungsverbote und -beschränkungen	

Forderaufgaben

1. Prüfen Sie in den folgenden Fällen, ob und wann das Berufsausbildungsverhältnis beendet ist bzw. ob eine Kündigung möglich ist.

Fall	Lösung
a) Der Berufsausbildungsvertrag läuft bis zum 31. Juli. Am 3. Juli wird das Bestehen der Abschlussprüfung durch den Prüfungsausschuss bekannt gegeben.	
b) Die Auszubildende Sarah besteht am 17. Juli die mündliche Abschlussprüfung nicht und wünscht auch keine Wiederholungsprüfung. Der Berufsausbildungsvertrag läuft bis zum 31. Juli.	
c) Sarah möchte nun doch die Abschlussprüfung wiederholen. Der nächste Termin für die schriftliche Prüfung ist im November und die mündliche Prüfung findet Mitte Januar des nächsten Jahres statt.	
d) Der Auszubildende Julian hat am 30. Juni seine Abschlussprüfung mit sehr gutem Erfolg abgeschlossen. Laut Berufsausbildungsvertrag endet das Ausbildungsverhältnis aber erst am 31. Juli. Julian wird weiterbeschäftigt und verlangt ab dem 1. Juli ein Gehalt statt der bisherigen Ausbildungsvergütung.	

2. Prüfen Sie, ob die folgenden Beschäftigungen nach dem Jugendarbeitsschutzgesetz (JArbSchG) zulässig sind. Benennen Sie die korrekte rechtliche Grundlage für die Situationen.

Fall	zulässig	nicht zulässig	Begründung
a) Der 17-jährige Auszubildende Kevin Niebüll hat die Abschlussprüfung bestanden. Sein Arbeitgeber verlangt von ihm, dass er ab sofort die gesetzliche Höchstarbeitszeit von 45 Stunden/ Woche arbeitet.			
b) Die 17-jährige Auszubildende Mia Möller, die am Mittwoch ihre schriftliche Abschlussprüfung hat, wird an dem Dienstag vor ihrer Prüfung beschäftigt.			

Fall	zulässig	nicht zulässig	Begründung
c) Der 16-jährige Auszubildende Jan Molles soll in Jahresabschlussarbeiten eingearbeitet werden. Zu diesem Zweck soll er auch für vier Wochen samstags beschäftigt werden, damit die Hauptarbeiten erst einmal erledigt sind.			
d) Die beiden minderjährigen Auszubildenden (16- und 17-jährig) bekommen beide 25 Werktage Urlaub. Ihr Chef ist der Meinung, dass Jugendliche generell Anspruch auf 25 Werktage Urlaub je Jahr haben.			

3. Die Einzelhandelskette Abeka AG hat für die Einstellung von Auszubildenden einen Vertragsvordruck entwickelt.

a) Prüfen Sie diesen Vertrag und markieren Sie die Stellen, die rechtswidrige Regelungen oder Formulierungen enthalten.

Arbeitsvertrag

Zwischen der Abeka AG und dem/der Auszubildende/n wird nachstehender Arbeitsvertrag zur Ausbildung im Ausbildungsberuf Verkäuferin/Verkäufer geschlossen.

Die Ausbildungszeit beträgt zwei Jahre.

Die Probezeit beträgt sechs Monate. Eine Kündigung danach ist nicht möglich.

Die Ausbildungsvergütung für diese drei Jahre beträgt 700,00 € monatlich.

Die regelmäßige tägliche Ausbildungszeit beträgt 8 Stunden plus samstags 6 Stunden.

Der Urlaubsanspruch beträgt 17 Tage/Jahr.

Der/Die Auszubildende hat die Berufsschule zu besuchen. Die dafür ausfallende Ausbildungszeit wird im Interesse des/der Auszubildenden nachgeholt.

Der/Die Auszubildende hat ein Krafttraining zu absolvieren, um der körperlichen Belastung während der Ausbildungszeit standhalten zu können.

Berufskleidung wird von der Abeka AG zur Verfügung gestellt und von der Auszubildendenvergütung einbehalten.

Der Einsatzort im gesamten Bundesgebiet wird dem/der Auszubildenden rechtzeitig monatlich mitgeteilt, ebenso die dadurch entstehenden Ausbildungsinhalte.

Der/Die Auszubildende ist gehalten, alle Weisungen seiner Vorgesetzten zu befolgen.

Die Berufsschule erstellt zum Ende der Ausbildungszeit ein Abschlusszeugnis.

b) Korrigieren Sie den Vertrag in Ihrem Arbeitsheft.

Situation
Erarbeitung
Zusatz
Forder

1.2 Einzelhandel und Gesamtwirtschaft

Erarbeitungsaufgaben

1. Maria ist seit Kurzem Auszubildende zur Verkäuferin. In der Berufsschule beschäftigt sie sich gerade mit den wirtschaftlichen Grundbegriffen. Alina ist bereits im zweiten Ausbildungsjahr. Sie hilft Maria beim Lernen, indem sie die wirtschaftlichen Grundbegriffe auf ihr Leben als Auszubildende anwendet.

Maria und Alina	Wirtschaftliche Grundbegriffe
Maria liebt es, ins Kino zu gehen. Endlich kann sie sich mit der Ausbildungsvergütung ihre überdurchschnittlich häufigen Kinobesuche selbst finanzieren.	Bei Marias Wunsch nach vielen Kinobesuchen handelt es sich nach Art der Dringlichkeit um ein ...., nach Art der Befriedigung um ein ....
Marias Geldmittel reichen jetzt aus, um regelmäßig ins Kino zu gehen.	Bedürfnisse, die mit Geldmitteln versehen sind, stellen den .... dar. Bedarf, der auf einem Markt wirksam wird, wird als .... bezeichnet.
Alina hat bereits Geld für einen gebrauchten Kleinwagen sparen können. Nun kauft sie sich ein Auto, mit dem sie häufig Wochenendausflüge unternimmt. Den notwendigen Versicherungsschutz bezahlen glücklicherweise Alinas Eltern. Das Benzingeld muss Alina jedoch selbst zahlen.	Das Auto ist ein Sachgut und ein Konsumgut, das .... wird. Der Versicherungsschutz ist eine Dienstleistung und ein ...., das gebraucht wird. Das Benzin ist ein .... und ein Konsumgut, das .... wird.
Für die Produktion von Alinas Kleinwagen wurden verschiedene betriebswirtschaftliche Produktionsfaktoren eingesetzt.	Für die Produktion des Autos wurden benötigt: .... (= Personal der Fabrik), ... (= Maschinen usw.) und .... (= Standort der Autofabrik).
Gerne hätte Alina sich ein anderes, viel größeres Auto gekauft. Leider hat ihr gespartes Geld nicht ausgereicht. Sie musste wirtschaften. Sie hatte sich einen ganz bestimmten Geländewagen ausgesucht und wollte für ihn natürlich möglichst wenig Geld ausgeben.	Wirtschaften ist die Überlegung, wie man seine .... zur .... einsetzt. Da die Kaufsumme für ihr Wunschauto zu hoch gewesen ist, musste Alina ihr vorhandenes Geld so einsetzen, dass sie hierfür das bestmögliche Auto anschaffen konnte. Damit hat sie nach dem ökonomischen Prinzip in Form des .... gehandelt.

2. Unterscheiden Sie die Beispiele nach der Art der Bedürfnisse, indem Sie die Wünsche den entsprechenden Begriffen zuordnen.

Wunsch	Existenzbedürfnis/Kulturbedürfnis/Luxusbedürfnis	Individualbedürfnis/Kollektivbedürfnis
Essen und Trinken		
exklusives Auto		

Wunsch	Existenzbedürfnis/Kulturbedürfnis/Luxusbedürfnis	Individualbedürfnis/Kollektivbedürfnis
Zeitunglesen		
Schutz vor Gefahren		
Kleidung		
Gesellschaft anderer Menschen		
Einfamilienhaus		

3. Entscheiden Sie, zu welcher Kategorie von Gütern die Beispiele gehören. Tragen Sie die richtige(n) Ziffer(n) ein.

Kategorie	
1	Konsumgüter als Verbrauchsgüter
2	Konsumgüter als Gebrauchsgüter
3	Produktionsgüter als Verbrauchsgüter
4	Produktionsgüter als Gebrauchsgüter
5	Rechte
6	Dienstleistungen

Beispiele	
	Benzin
	Lizenz
	Sessel
	Eisenerz
	Hochofen
	Bankberatung
	Schuhe
	Brot
	Schuhreparatur
	Motorroller

4. Erklären Sie die Begriffe Maximal- und Minimalprinzip und geben Sie jeweils ein Beispiel.

	Maximalprinzip	Minimalprinzip
Erklärung		
Beispiel		

5. Beschreiben Sie die beiden Marktteilnehmer im Modell des einfachen Wirtschaftskreislaufs.

Marktteilnehmer im Modell des einfachen Wirtschaftskreislaufs	
Beschreibung:	Beschreibung:

Situation
Erarbeitung
Zusatz
Forder

6. Erläutern Sie die Begriffe Güterstrom und Geldstrom.

Güterstrom	Geldstrom

7. Zeichnen Sie den einfachen Wirtschaftskreislauf.

8. Erläutern Sie die Bereiche innerhalb der Gesamtwirtschaft (Primär-, Sekundär- und Tertiärbereich).

a) Bilden Sie ein zusammenhängendes Beispiel anhand der Produktion von Fischstäbchen.

b) Bilden Sie ein weiteres Beispiel.

	Primärbereich	Sekundärbereich	Tertiärbereich
Erläuterung			
a) Beispiel: Fischstäbchen			
b) Beispiel:			

590822

9. Erläutern Sie den Begriff Gleichgewichtspreis.

....

....

10. Erläutern Sie die Auswirkung auf den Gleichgewichtspreis bei einer Verschiebung der Nachfragekurve nach rechts.

....

11. Eine Umfrage während der Spargelernte ergibt folgendes vereinfachtes Angebot-Nachfrage-Verhalten:

Preis in €	3,00	4,00	5,00	6,00	7,00	8,00	9,00	10,00	11,00
Nachfragemenge in kg	1100	1000	900	800	700	600	500	400	300
Angebotsmenge in kg	400	500	600	700	800	900	1000	1100	1200

a) Stellen Sie das Angebot-Nachfrage-Verhalten in einem Preis-Mengen-Diagramm dar.

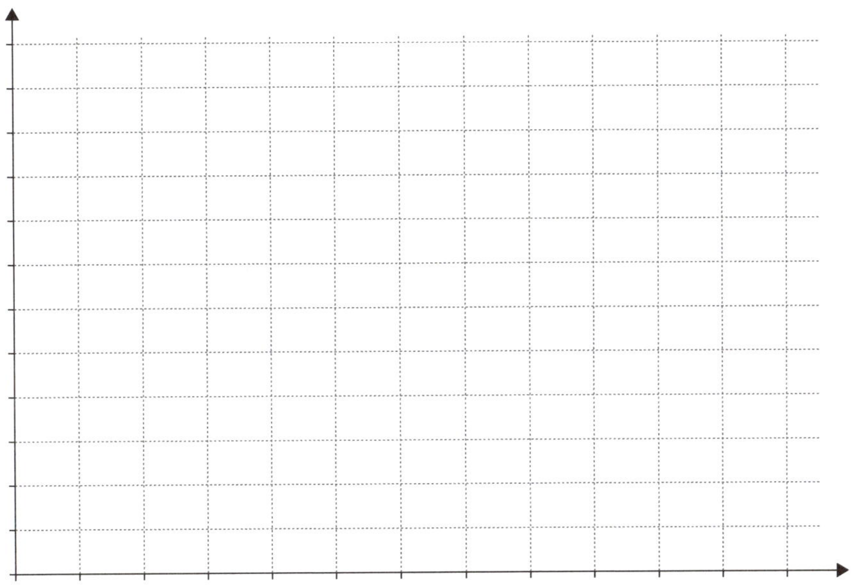

b) Nennen Sie den Preis, bei dem dieser Markt den größten Umsatz erlaubt.

....

c) Benennen Sie diesen Preis und markieren Sie ihn in der Grafik.

....

d) Geben Sie an, wie sich Angebots- und Nachfragemengen bei diesem Preis verhalten.

....

e) Ermitteln Sie die Menge, die bei diesem Preis umgesetzt werden kann.

....

f) Ermitteln Sie den Angebotsüberhang bei einem Preis von 9,00 €.

....

g) Nachdem in verschiedenen Medien verstärkt auf die gesundheitlichen Vorteile des Verzehrs von Spargel hingewiesen wurde, steigt die Nachfrage nach Spargel unter sonst gleichen Be-

Situation
Erarbeitung
Zusatz
Forder

dingungen. Stellen Sie diese Entwicklung in der Grafik dar und ergänzen Sie den folgenden Satz.

Steigt die Nachfrage, verschiebt sich die Nachfragekurve nach ....

Der Gleichgewichtspreis ist .... als zuvor.

h) Durch Kälte und mangelnden Sonnenschein verringert sich das Angebot von Spargel erheblich. Skizzieren Sie in Ihrem Preis-Mengen-Diagramm, wo die Angebotskurve nun verläuft und ergänzen Sie den folgenden Satz.

Verringert sich das Angebot, verschiebt sich die Angebotskurve nach ....

Der Gleichgewichtspreis ist .... als zuvor.

Zusatzaufgaben

1. Ordnen Sie den Erklärungen die richtigen Begriffe für die jeweiligen Bedürfnisse zu.

Begriff	Erklärung
	… entstehen durch das Zusammenleben vieler Menschen und können nicht vom einzelnen Menschen selbst befriedigt werden.
	… dienen dem Ansehen einer Person, müssen nicht unbedingt erfüllt werden.
	… müssen erfüllt werden, um leben zu können.
	… können für einzelne Menschen befriedigt werden.
	… entspringen dem geistigen Wesen eines Menschen, ihre Befriedigung ist nicht lebensnotwendig.

2. Kreuzen Sie an, um welche Art von Gütern es sich in den folgenden Beispielen handelt.

	Konsumgut	Produktionsgut	Verbrauchsgut	Gebrauchsgut
a) Verwaltungsgebäude eines Großhandelsbetriebs				
b) Öl als Ausgangsprodukt für die Kunststoffherstellung				
c) Liegewiese im Schwimmbad aus Sicht des Gastes				
d) Baumwolle zum Stricken eines Pullovers für das Enkelkind				
e) Baumwolle in einer Spinnerei				
f) Gemietete Ferienwohnung für den Urlauber				
g) Lkw der FLEXI-Transporte und Logistikdienstleistungen KG				

3. Erläutern Sie, warum wir wirtschaftlich handeln müssen. Verwenden Sie dabei auch die Begriffe „Bedürfnisse", „Bedarf" und „Nachfrage" und erklären Sie sie.

....

....

....

....

....

....

....

....

4. Maria Wiener als privater Haushalt stellt dem Unternehmen Handelshaus GmbH ihre Arbeitskraft zur Verfügung. Im Austausch dazu erhält sie einen monatlichen Arbeitslohn. Da ihr Einkommen als Auszubildende relativ gering ist, gibt sie es vollständig für Konsumausgaben aus, d.h. für den Erwerb von Gütern und Dienstleistungen sowohl bei der Handelshaus GmbH als auch bei anderen Unternehmen.

a) Setzen Sie die unterstrichenen Begriffe in die Abbildung ein.

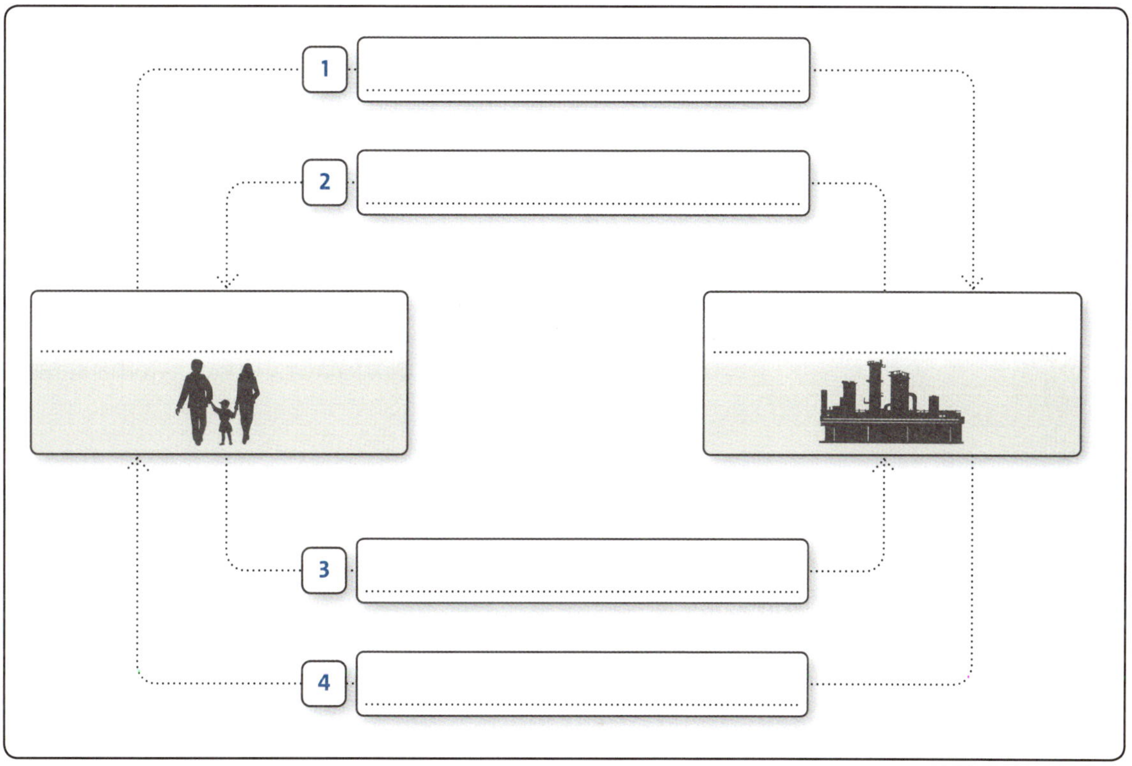

b) Kennzeichnen Sie die Geldströme in grüner Farbe und die Güterströme in roter Farbe und erklären Sie, wie sich Güter- und Geldkreislauf zueinander verhalten.

....

....

c) Welcher der beiden Kreisläufe ist wertmäßig größer?

....

5. Ordnen Sie den nachstehenden Situationen die dazugehörige Ziffer des entsprechenden Güter- oder Geldstroms aus dem Schaubild des Wirtschaftskreislaufs zu. Tragen Sie eine 0 ein, wenn Sie einer Situation keinen dieser Ströme zuordnen können.

Situation
Erarbeitung
Zusatz
Forder

a) Eine Gärtnerei zahlt die Pacht für ihre Baumschule an Familie Wiener. ☐
b) Die Handelshaus GmbH importiert Bananen aus Südamerika. ☐
c) Die Schöner Wohnen GmbH verkauft Gartenmöbel an Maria Wiener. ☐
d) Marias Freund Lukas arbeitet in einem großen Automobilwerk. ☐
e) Opa Wiener erhält seine monatliche gesetzliche Rente. ☐
f) Frau Wiener bezahlt an der Kasse eines Supermarktes die eingekauften Artikel. ☐
g) Die Handelshaus GmbH überweist Maria Wiener ihre monatliche Ausbildungsvergütung. ☐

6. Erklären Sie die Produktionsfaktoren und nennen Sie jeweils zwei Beispiele.

Produktionsfaktor	Erklärung	Beispiele
Boden		
Arbeit		
Kapital		

7. Entscheiden Sie, zu welcher Produktionsstufe die genannten Betriebe gehören. Ergänzen Sie zuvor im Kopf der Tabelle die deutschen Bezeichnungen für die einzelnen Produktionsstufen.

	Primärer Sektor	Sekundärer Sektor	Tertiärer Sektor
a) Autohandel Kruse			
b) Versicherungsvertreter Mühlbach			
c) Fischer Bode			
d) Tischler Krause			
e) Sparkasse Altstadt			
f) Baumschule Herud			
g) Spedition Knossalla			
h) Reifenhersteller Felgenschön			

8. Ergänzen Sie den folgenden Lückentext. Die einzutragenden Begriffe sind: *Markt, Nachfragekurve, Nachfrager, Warenmenge.*

Im Schnittpunkt von Angebotskurve und .... bildet sich der Gleichgewichtspreis. Der Gleichgewichtspreis ist der Preis, bei dem sich Anbieter und .... in ihren Kaufhandlungen einig sind. Die größtmögliche .... wird zum Gleichgewichtspreis abgesetzt. Der Gleichgewichtspreis räumt den ....

590826

9. Auf dem Markt für Digitalkameras ist es zu einer Verschiebung der Angebotskurve gekommen.

a) Ermitteln Sie folgende Werte:

Ursprünglicher Gleichgewichtspreis: .... €

Neuer Gleichgewichtspreis: .... €

Ursprüngliche Gleichgewichtsmenge: .... Stück

Neue Gleichgewichtsmenge: .... Stück

Ursprünglicher Preis für 40 Stück: .... €

Neuer Nachfrageüberhang beim Preis von 60,00 €: .... Stück

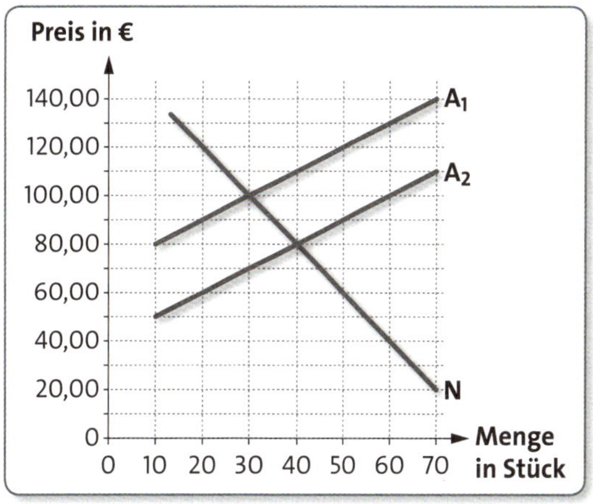

b) Kreuzen Sie an, welche der folgenden Aussagen die dargestellte Veränderung zutreffend beschreibt.

(1) Der Gleichgewichtspreis bleibt gleich. ☐

(2) Die Gleichgewichtsmenge bleibt gleich. ☐

(3) Der Gleichgewichtspreis steigt. ☐

(4) Die Gleichgewichtsmenge steigt. ☐

(5) Der Gleichgewichtspreis und die Gleichgewichtsmenge sinken. ☐

Forderaufgaben

1. Der Produktionsfaktor Boden kann in unterschiedlicher Weise genutzt werden. Ordnen Sie den Beispielen die jeweilige Nutzungsart zu, indem Sie die entsprechende Ziffer hinter den Beispielen eintragen.

	Nutzungsmöglichkeit als ...
1	Anbauboden: Nutzung des Bodens für Anpflanzungen in der Land- und Forstwirtschaft und in der Tierzucht
2	Abbauboden: Nutzung des Bodens für den Abbau von Rohstoffen wie Erdöl, Kohle und Steine
3	Standortboden: Nutzung des Bodens als Standort für Gebäude, Straßen usw.

	Beispiele
	Gewinnung von Uran
	Errichtung einer Bananenplantage
	Bau einer Einkaufspassage
	Anpflanzungen in einer Baumschule
	Gewinnung von Erdgas
	Nutzung als Weideland
	Bau einer Umgehungsstraße

2. Das Schaubild auf der folgenden Seite belegt, dass sich die Wirtschaftsstruktur in den letzten 50 Jahren grundsätzlich verändert hat.

a) Beschreiben Sie, was damit konkret gemeint ist.

....

....

....

....

....

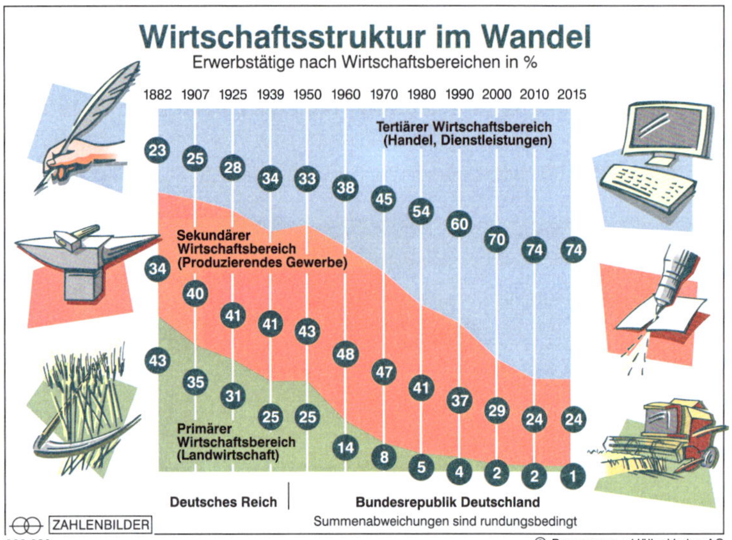

220 020 © Bergmoser + Höller Verlag AG

b) Erläutern Sie, welche Wirtschaftsbereiche in ihrer gesamtwirtschaftlichen Bedeutung eher zugenommen haben und welche eher rückläufig sind.

....

....

....

c) Beschreiben Sie mögliche Gründe für diesen Veränderungsprozess.

....

....

....

....

d) Beschreiben Sie, wie aus Ihrer Sicht die Entwicklung für die Zukunft aussieht.

....

....

....

e) Überlegen Sie, welche Auswirkungen dieser Prozess für Sie selbst und Ihre beruflichen Entscheidungen haben könnte.

....

....

....

....

f) Stellen Sie fest, wie sich die Wirtschaftsstruktur in Ihrer Region bzw. in Ihrem Kreis oder in Ihrer Stadt in den letzten 50 Jahren gewandelt hat.

....

....

....

....

....

Situation
Erarbeitung
Zusatz
Forder

1.3 Organisation des Einzelhandelsunternehmens

Erarbeitungsaufgaben

1. Erläutern Sie den Begriff Unternehmensleitbild.

....

....

2. Erläutern Sie die Begriffe wirtschaftliche, soziale und ökologische Ziele mit Ihren eigenen Worten.

Wirtschaftliche Ziele	Soziale Ziele	Ökologische Ziele

3. Entscheiden Sie für die folgenden Begriffe, ob es sich um wirtschaftliche **w**, soziale **s** oder ökologische **ö** Ziele handelt.

Abfallrecycling ☐

angemessene Verzinsung des eingesetzten Kapitals ☐

Arbeitsplatzsicherung ☐

Erhaltung des Betriebs ☐

gerechte Entlohnung ☐

gute Arbeitsbedingungen ☐

umweltfreundlicher Umgang mit Ressourcen innerhalb aller Produktionsstufen ☐

Unternehmenswachstum ☐

Vermeidung von Abfall ☐

Zufriedenheit der Mitarbeiter ☐

4. Zu den Aufgaben des Einzelhandels gehören die Überbrückung, die Warenverteilung und die Serviceleistungen. Nehmen Sie Unterscheidungen innerhalb dieser drei Kategorien anhand von Beispielen vor.

Überbrückung	Warenverteilung	Serviceleistungen

Situation
Erarbeitung
Zusatz
Forder

5. Erstellen Sie ein Organigramm, das die Aufbauorganisation der Modehaus Müller GmbH zeigt. Nennen Sie auch die Gesamtzahl der hier arbeitenden Menschen und die Art der Organisationsstruktur.

Zur Geschäftsführung des Modehauses Müller GmbH gehören zwei Geschäftsführer. Es gibt ein Sekretariat mit einer Mitarbeiterin sowie vier Abteilungsleiter/-innen, die der Geschäftsführung direkt unterstellt sind. Die vier Abteilungen sind Einkauf, Verkauf, Personal und Rechnungswesen. Der Abteilungsleiter Einkauf gibt Anweisungen an das Bestellwesen und das Lager, wo jeweils zwei Mitarbeiter/-innen tätig sind. Zum Verkauf gehören die vier Abteilungen Damen, Herren, Kinder und Sport. In den vier Verkaufsabteilungen arbeiten je zehn Mitarbeiter/-innen und je ein/-e Auszubildende/-r. Der Abteilung Personal sind zwei Sachbearbeiterinnen zugeordnet. Dem Abteilungsleiter Rechnungswesen sind das Controlling (1 Mitarbeiterin) und die Geschäftsbuchhaltung (2 Mitarbeiterinnen) unterstellt.

Lösung: ....

6. Erläutern Sie, welche Organisationsstruktur Ihr Ausbildungsbetrieb hat.

....

....

....

7. Entscheiden Sie, auf welche Art von Regelung in den folgenden Fällen zurückgegriffen wird. Bilden Sie jeweils ein eigenes Beispiel für Organisation, Disposition und Improvisation für die Fälle f) bis h).

Fall	Organisation	Disposition	Improvisation
a) Ein Kunde hat für die Lieferung seines Einkaufs ausgefallene Wünsche.			
b) Aufgrund von Bauarbeiten ist für einen halben Tag eine direkte Zufahrt in den Wareneingangsbereich nicht möglich. Der Termin ist seit zwei Wochen bekannt.			
c) Die eingegangen Rechnungen müssen bearbeitet werden.			

590830

Fall	Organisation	Disposition	Improvisation
d) Durch Blitzeinschlag ist die Telefonanlage kaputtgegangen.			
e) Eine Rechnung über 310,00 € soll ausgestellt werden.			
f)	X		
g)		X	
h)			X

8. Nennen Sie die Angaben, die in einer Stellenbeschreibung schriftlich festgehalten sind.

....

....

....

Zusatzaufgaben

1. Der Einzelhandel hat verschiedene Funktionen bzw. Aufgaben. Entscheiden Sie, welche Funktion in den Beispielen jeweils angesprochen wird und notieren Sie diese.

Beispiel	Funktion
a) Obwohl ihre Mutter immer wieder behauptet, Erdbeeren würden nur im Juni schmecken, freut sich Maria Wiener, dass sie die Früchte auch im November kaufen kann.	
b) Im Supermarkt bietet der Verkäufer Maria an, das neue Getränk „Eistee Erdbeere“ zu probieren. Er macht sich Notizen, was die Kunden von diesem Getränk halten.	
c) Im Elektro-Fachmarkt findet Herr Wiener nicht nur verschiedene Staubsauger, sondern auch alles notwendige Zubehör und Teppichpflegemittel.	
d) Einen neuen Staubsauger wollte Herr Wiener erst über das Internet bestellen, nun ist er aber über die Empfehlungen des Verkäufers sehr froh und kauft im Fachmarkt.	
e) Als der neue Staubsauger von Herrn Wiener nach drei Wochen einen Defekt hat, hilft ihm der Verkäufer aus dem Fachmarkt sofort und stellt ihm ein neues Gerät zur Verfügung.	
f) Maria Wiener schwärmt für Mode aus Japan. Sie ist sehr glücklich, dass das Modehaus Müller regelmäßig die neuesten Modelle einer japanischen Firma im Sortiment hat.	
g) Maria hat auch schon einmal selbst versucht, sich ein Kleid in Japan zu bestellen. Die japanische Fabrik liefert allerdings erst ab einer Menge von 12 Stück. Deshalb wird Maria die Kleider weiterhin im Einzelhandel kaufen.	

Situation
Erarbeitung
Zusatz
Forder

2. Entscheiden Sie, ob die folgenden Aussagen richtig **R** oder falsch **F** sind. Korrigieren Sie die falschen Aussagen in Ihrem Arbeitsheft.

a) Alle generellen Regelungen eines Unternehmens stellen die Disposition des Unternehmens dar. ☐

b) Ein Unternehmen sollte so organisiert sein, dass sich die Mitarbeiter immer wieder über ihre Aufgaben und deren Ausführung abstimmen müssen. ☐

c) Damit ein Unternehmen flexibel bleibt, sollte es auch Regelungen geben, die von Fall zu Fall entschieden werden. ☐

d) Mit Improvisation kann man auf bekannte und regelmäßig wiederkehrende Fragestellungen reagieren. ☐

3. Erläutern Sie den Begriff „Stelle" und unterscheiden Sie drei Arten von Stellen.

....

....

....

....

....

....

4. Ergänzen Sie den folgenden Lückentext zur Organisation.

Die Betriebswirtschaftslehre unterteilt die Organisation in die Arbeitsbereiche Aufbauorganisation und ....

Die .... regelt die Aufgabenverteilung in einem Unternehmen. Die .... legt die Arbeitsabläufe zwischen den Abteilungen und Mitarbeitern fest.

Im Rahmen der Aufbauorganisation gibt es u. a. das Einliniensystem. Hier sind die Mitarbeiter jeweils nur einem .... Mitarbeiter unterstellt. Ein Vorteil ist die exakte Abgrenzung der einzelnen Stellen, sodass es .... geben kann und die gesamte Organisation .... ist. Im Mehrliniensystem können die Mitarbeiter von .... Weisungen erhalten. Dadurch kommt es zu einer Verkürzung des .... Nachteil ist, dass es zu Kompetenz .... kommen kann.

In der Ablauforganisation wird die Frage beantwortet, wie die im Unternehmen zu erledigenden Aufgaben geplant werden müssen, damit der gesamte Ablauf .... ist.

a) Erläutern Sie an einem Beispiel, warum Kompetenzüberschneidungen zu vermeiden sind.

....

....

....

....

....

....

590832

Situation
Erarbeitung
Zusatz
Forder

b) Nennen Sie ein Leitungssystem, das im Lückentext nicht genannt wurde und erläutern Sie dessen Vorteile gegenüber dem Einliniensystem.

....

....

....

c) Nennen Sie den Begriff für die bildliche Darstellung einer Organisationsstruktur.

....

Forderaufgaben

1. Erstellen Sie eine Arbeitsanweisung zur Abwicklung einer Reklamationsbearbeitung in Ihrem Unternehmen.

....

....

....

....

....

....

....

....

....

2. In einer Stellenbeschreibung werden alle Merkmale einer Stelle schriftlich festgehalten. Viele Unternehmen verwenden zur Erstellung einer Stellenbeschreibung vorgedruckte oder selbst hergestellt Formulare.

a) Nennen Sie die Vorteile, die sich für das Unternehmen ergeben, wenn ein Formular zur Stellenbeschreibung verwendet wird.

....

....

....

b) Entwerfen Sie ein Formular für eine Stellenbeschreibung.

c) Beschreiben Sie in dem Formular die Stelle, auf die Sie sich nach Ihrer Ausbildung gern bewerben würden.

Stellenbeschreibung	
zu b)	zu c)

Fortsetzung siehe folgende Seite

Situation
Erarbeitung
Zusatz
Forder

Stellenbeschreibung	
zu b)	zu c)

d) Erläutern Sie, welche Rolle der Betriebsrat bei der Planung einer Neueinstellung hat.

....

....

1.4 Betriebsformen

Erarbeitungsaufgaben

1. Entscheiden Sie, welche Sortimentsbreite und -tiefe die folgenden Ladengeschäfte haben.

	Sortimentsbreite		Sortimentstiefe	
	breit	schmal	tief	flach
Verbrauchermarkt				
Fachgeschäft				
Fachmarkt				
Kaufhaus				

2. Unterstreichen Sie die erwähnten Einzelhandelsgeschäfte im Text.

Antje ist in Eile. In 30 Minuten beginnt der Unterricht in der Berufsschule. Vorher muss sie sich noch etwas zu essen kaufen – das Frühstück war heute Morgen nicht mehr zu schaffen. Sie geht in die Bäckerei Krause, wartet, bis der Herr vor ihr bedient wurde, bittet die Verkäuferin um eine Käsestange und bezahlt sie. Draußen fällt ihr ein, dass sie vergessen hat, sich etwas zu trinken mitzunehmen. Glücklicherweise liegt die Tankstelle von Gustav Mieskes auf ihrem Weg. Herr Mieskes betreibt in seiner Tankstelle einen kleinen Shop, aus dessen Regalen sich Kunden mit Zeitschriften, Süßigkeiten und Getränken versorgen können. Antje kauft sich eine Flasche Wasser.

Nach der Berufsschule ist Antje auf der Suche nach einem Geburtstagsgeschenk für ihren Freund Oliver. Er wünscht sich neue Kopfhörer für seinen MP3-Player, die Antje im Computerfachgeschäft Trendino kaufen möchte. Sie lässt sich dort beraten, findet die Kopfhörer aber doch recht teuer. Sie geht deshalb zum Elektronikmarkt „Das Beste billig“, sucht sich passende Kopfhörer aus dem Regal und bezahlt sie an der Kasse.

590834

Nun muss sie sich nur noch um das Essen für heute Abend kümmern: Im Lebensmitteldiscounter „Alles essbar“ kauft sie Nudeln und Tomatensauce, im Getränkefachmarkt Schulze & Co. stellt sie sich einen Kasten Getränke zusammen und lässt sich von Herrn Schulze eine Flasche Sekt empfehlen. Schließlich kauft sie im Käsefachgeschäft Pahlke noch den Parmesan, den sie im Lebensmitteldiscounter nicht bekommen hat. Obwohl hier drei Kunden vor ihr in der Warteschlange stehen, schafft sie es, noch vor Oliver zu Hause zu sein.

a) Nennen Sie die im Text erwähnten Einzelhandelsgeschäfte und ergänzen Sie die jeweilige Verkaufsform.

Einzelhandelsgeschäft	Verkaufsform

b) Beschreiben Sie die drei Verkaufsformen im Einzelhandel.

Selbstbedienung	Bedienung	Vorwahl/Teilbedienung

3. Beschreiben Sie die Betriebsformen des Ladenhandels.

Betriebsform	Standort	Sortiment	Ladengröße	Verkaufsform	Preisniveau

Fortsetzung siehe folgende Seite

Situation
Erarbeitung
Zusatz
Forder

Betriebsform	Standort	Sortiment	Ladengröße	Verkaufsform	Preisniveau

4. Beschreiben Sie ein Beispiel für den ambulanten Handel.

....

....

5. Grenzen Sie Warenhäuser und Einkaufszentren voneinander ab.

Warenhaus	Einkaufszentrum

Zusatzaufgaben

1. Erläutern Sie die Begriffe Sortimentsbreite und Sortimentstiefe.

Sortimentsbreite	Sortimentstiefe

2. Frau Wiener erzählt: „Ich war heute in diesem teuren neuen Schmuckgeschäft, wo alles hinter Glas ist und man nichts allein in die Hand nehmen darf. Als ich der Verkäuferin gesagt habe, welche Ohrringe ich gern hätte, hat sie mir aber immer nur solche gezeigt, die mir gar nicht gefallen haben."

a) Welche Verkaufsform hatte das Schmuckgeschäft, in dem Frau Wiener war?

....

Situation
Erarbeitung
Zusatz
Forder

b) Erläutern Sie Frau Wiener, welche Vorteile die Kunden bei dieser Verkaufsform haben.

3. Maria sagt: „Ich gehe lieber in ein Geschäft mit Selbstbedienung als in ein Geschäft, wo mich die Verkäufer immer gleich fragen, was ich haben möchte. Bei Selbstbedienung wird mir wenigstens nichts aufgeschwatzt."

a) Nennen Sie Einzelhandelsgeschäfte, in denen nur im Selbstbedienungsbetrieb verkauft wird.

b) Welche Aufgaben hat das Verkaufspersonal in diesen Geschäften?

c) Welche Vorteile und welche Nachteile hat das Selbstbedienungssystem für das Einzelhandelsunternehmen?

d) Beurteilen Sie, ob Sie Marias Aussage zustimmen und begründen Sie Ihre Meinung.

e) Nennen Sie Gründe, warum Kunden mit dem Verkaufspersonal in einem Geschäft mit Vorwahl nicht zufrieden sind.

f) Beschreiben Sie das Verhalten, das das Verkaufspersonal bei Vorwahl zeigen sollte, damit die Kunden nicht unzufrieden sind.

4. Im Einzelhandel können vielfältige Betriebsformen unterschieden werden (Tabelle zum Eintragen siehe folgende Seite).

a) Nennen Sie Betriebsformen im Einzelhandel. Die Silben im Kasten können Ihnen helfen.

> al/bi/coun/del/del/del/Dis/Ein/en/Fac/Fach/fach/Ge/ge/ge/ge/gen/han/han/han/haus/haus/In/Ka/Kauf/kaufs/ler/let/log/markt/markt/markt/Misch/Mo/net/Out/per/ping/ping/Rei/ren/ren/schäft/schäft/schäft/se/shop/shop/Spe/Su/ta/Te/le/ter/ter/to/ry/trum/Wa/Wa/wa/Woch/zen/zi

b) Nennen Sie zu jeder Betriebsform ein Beispiel.

Situation
Erarbeitung
Zusatz
Forder

c) Entscheiden Sie, ob es sich um eine Form des Ladenhandels, des ambulanten Handels oder des Versandhandels handelt.

zu a)	zu b)	zu c)		
Betriebsform	**Beispiel**	**Laden-handel**	**ambulan-ter Handel**	**Versand-handel**

Forderaufgaben

1. Wichtiges Merkmal für ein Sortiment und eine Betriebsform ist das Preisniveau. Oft geht es dabei aber nicht um die tatsächliche Höhe des Preises, sondern darum, wie hoch bzw. wie niedrig der Preis auf die Kunden wirkt.

a) Nennen Sie jeweils zwei Beispiele für Einzelhandelsgeschäfte, die Waren zu Aktionspreisen oder zu Dauertiefpreisen anbieten.

b) Erläutern Sie die Begriffe Aktionspreise und Dauertiefpreise.

c) Nennen Sie Waren, die sich für Aktionspreise bzw. Dauertiefpreise eignen.

	Aktionspreise	Dauertiefpreise
zu a) Beispiele für Geschäfte		
zu b) Erläuterung		
zu c) Beispiele für Waren		

d) Es gibt Waren, für die es nicht sinnvoll ist, sie zu Aktionspreisen oder Dauertiefpreisen anzubieten. Begründen Sie diese Aussage und nennen Sie zwei Beispiele.

1.5 Tarifverträge im Einzelhandel

Erarbeitungsaufgaben

1. Nennen Sie die Sozialpartner im Einzelhandel.

2. Erläutern Sie den Begriff „allgemeinverbindlicher Tarifvertrag".

Situation
Erarbeitung
Zusatz
Forder

3. Unterscheiden Sie Tarifverträge nach Inhalt oder räumlicher Geltung, indem Sie die Ziffer vor der jeweils gültigen Aussage in die Kästchen eintragen.

	Tarifvertrag
1	Der Mantel- bzw. Rahmentarifvertrag
2	Der Lohn- oder Gehaltstarifvertrag
3	Der Flächen- bzw. Verbandstarifvertrag
4	Der Firmen- bzw. Haustarifvertrag

	Inhalt/räumliche Geltung
	… gilt oft nur ein Jahr.
	… gilt nur für einen einzelnen Arbeitgeber.
	… regelt wöchentliche Arbeitszeit oder Urlaub.
	… regelt die Eingruppierung der Arbeitnehmer in Lohngruppen.
	… gilt oft länger als zwei Jahre.
	… gilt für alle im Arbeitgeberverband angeschlossenen Betriebe und für alle Mitglieder der Gewerkschaft.

4. Ergänzen Sie den Lückentext zur Schutz-, Ordnungs- und Friedensfunktion von Tarifverträgen.

Tarifverträge legen .... fest, von denen nur nach .... abgewichen werden darf. Die Arbeitsbedingungen bei verschiedenen Arbeitgebern werden ....; dadurch wird für soziale .... gesorgt. Während der .... eines Tarifvertrags sind Arbeitgeber und Arbeitnehmer vor plötzlichen .... der Bedingungen geschützt. Es darf weder .... werden noch dürfen Arbeitnehmer .... werden.

5. Beschreiben Sie Arbeitskampfmaßnahmen der Arbeitgeber und der Arbeitnehmer und deren Auswirkungen auf das einzelne Arbeitsverhältnis.

Arbeitskampfmaßnahmen	
der Arbeitnehmer	**der Arbeitgeber**
Auswirkungen auf das Arbeitsverhältnis	

Zusatzaufgabe

Ergänzen Sie die richtigen Antworten zu den Fragen und die richtigen Fragen zu den Antworten.

Frage	Antwort
a) Wer sind die Sozialpartner?	
b)	Diese Verträge werden zwischen den Sozialpartnern abgeschlossen und regeln wichtige Arbeitsbedingungen.
c) Für wen gelten Tarifverträge?	
d) Welche Tarifverträge kann man nach ihren Inhalten unterscheiden?	
e) Was ist eine Allgemeinverbindlichkeitserklärung?	
f) Welche Funktionen hat ein Tarifvertrag?	
g)	– Streik (Gewerkschaften) – Aussperrung (Arbeitgeber)
h) Was ist die Friedenspflicht?	
i)	Damit entscheiden die Gewerkschaftsmitglieder, ob gestreikt werden soll.
j) Was ist ein Streik?	
k)	Dabei wird den streikenden und den nicht streikenden Arbeitnehmern der Zugang zu den Arbeitsplätzen verweigert. Da keine Arbeitsleistung erbracht wird, muss auch kein Lohn oder Gehalt bezahlt werden.

Situation
Erarbeitung
Zusatz
Forder

1.6 Betriebliche Mitbestimmung

Erarbeitungsaufgaben

1. Ergänzen Sie den folgenden Text zu den Funktionen und Aufgaben des Betriebsrats.

Der Betriebsrat vertritt die Interessen der .... gegenüber dem .... Er nimmt die Rechte der betrieblichen .... wahr. Zu seinen Aufgaben gehört die .... der Umsetzung bestehender Gesetze, Verordnungen, Schutzvorschriften, Tarifverträge und Betriebsvereinbarungen. Weiterhin soll er .... von Arbeitnehmern prüfen und so an den Arbeitgeber weiterleiten, dass den betroffenen Arbeitnehmern möglichst keine Nachteile entstehen. Der Betriebsrat fördert die .... von Behinderten oder von sonstigen Schutzbedürftigen. Außerdem unterstützt der Betriebsrat die Durchsetzung der .... von Männern und Frauen. Das Betriebsverfassungsgesetz räumt ihm als Vertreter der Arbeitnehmer Mitwirkungs- und Mitbestimmungsrechte in ...., ... und .... Angelegenheiten ein.

2. Kreuzen Sie in der nachfolgenden Aufstellung die richtigen Aussagen zur Betriebsratswahl an.

a) In Unternehmen mit mindestens fünf Arbeitnehmern sind alle volljährigen Mitarbeiter wahlberechtigt.	☐	**i)** In Unternehmen mit mindestens fünf ständig beschäftigten Arbeitnehmern sind alle Mitarbeiter wahlberechtigt.	☐
b) In Unternehmen mit mindestens zehn Arbeitnehmern sind alle volljährigen Mitarbeiter wahlberechtigt.	☐	**j)** In Unternehmen mit mindestens zehn ständig beschäftigten Arbeitnehmern sind alle volljährigen Mitarbeiter wahlberechtigt.	☐
c) In Unternehmen mit mindestens fünf ständig beschäftigten Arbeitnehmern sind alle volljährigen Mitarbeiter wahlberechtigt.	☐	**k)** Gewählt werden können alle wahlberechtigten Personen, die dem Unternehmen seit sechs Monaten angehören.	☐
d) Gewählt werden können alle wahlberechtigten Personen, die dem Unternehmen seit mindestens sechs Monaten angehören.	☐	**l)** Gewählt werden können alle Personen, die dem Unternehmen seit mindestens sechs Monaten angehören.	☐
e) Gewählt werden können alle wahlberechtigten Personen, die dem Unternehmen seit mindestens zwölf Monaten angehören.	☐	**m)** Gewählt werden können alle Personen, die dem Unternehmen seit mindestens zwölf Monaten angehören.	☐
f) Die Wahlen finden alle vier Jahre zwischen dem 1. März und dem 31. Mai statt.	☐	**n)** Die Wahlen finden alle fünf Jahre zwischen dem 1. März und dem 31. Mai statt.	☐
g) Die Wahlen finden alle vier Jahre am 1. März statt.	☐	**o)** Die Wahlen finden alle vier Jahre zwischen dem 1. März und dem 31. Juli statt.	☐
h) Die Wahlen finden alle fünf Jahre zwischen dem 1. März und dem 31. Juli statt.	☐	**p)** Die Wahlen finden alle fünf Jahre am 1. März statt.	☐

3. Nennen Sie Beispiele für üblicherweise abgeschlossene Betriebsvereinbarungen.

....

....

....

....

Situation
Erarbeitung
Zusatz
Forder

4. Ordnen Sie die unterschiedlichen Rechte des Betriebsrats den entsprechenden Beispielen zu, indem Sie die Ziffer vor den jeweiligen Rechten in die Tabelle eintragen.

	Rechte
1	Information, Anhörung und Beratung
2	eingeschränkte Mitbestimmung (in Betrieben mit mehr als 20 Beschäftigten)
3	gleichberechtigte Mitbestimmung

	Beispiele
	Versetzung
	Personalplanung
	Erstellung von Auswahlrichtlinien bei Versetzungen in Betrieben mit mehr als 500 Beschäftigten
	Einstellung
	Gestaltung der beruflichen Bildung
	Eingruppierung
	Betriebsänderung
	Gestaltung von Arbeitsplätzen

5. Nennen Sie zwei Voraussetzungen für die mögliche Wahl einer Jugend- und Auszubildendenvertretung.

....

....

....

Zusatzaufgaben

1. In einem Großunternehmen stehen gleichzeitig Wahlen zum Betriebsrat und zur JAV an. Das Unternehmen beschäftigt folgende Arbeitnehmer, die alle mehr als sechs Monate dem Unternehmen angehören:

Auszubildende		Angestellte	
Alter	**Anzahl**	**Alter**	**Anzahl**
16 und 17 Jahre	14	unter 18 Jahre	1
18 bis 23 Jahre	11	18 bis 24 Jahre	41
über 25 Jahre	3	25 bis 30 Jahre	85
		über 31 Jahre	40

a) Nennen Sie die regelmäßige Amtszeit der beiden Gremien und den Zeitraum, in dem die regelmäßigen Wahlen stattfinden.

	Betriebsrat	JAV
Amtszeit		
Zeitraum der Wahlen		

b) Ermitteln Sie, wie viele Arbeitnehmer für den Betriebsrat und für die JAV wahlberechtigt sind.

c) Ermitteln Sie, wie viele Arbeitnehmer für den Betriebsrat und für die JAV wählbar sind.

	Betriebsrat	**JAV**
zu b) wahlberechtigt		
zu c) wählbar		

2. Nennen und erklären Sie die unterschiedlich stark ausgeprägten Rechte des Betriebsrats.

....

....

....

....

....

....

....

....

3. Ordnen Sie die Rechte des Betriebsrats den jeweiligen Bereichen der Mitbestimmung zu.

Beispiel	**Mitbestimmung**	**Mitwirkung**	**Beratung**	**Information**
a) Der Ablauf der Arbeiten im Wareneingangsbereich soll neu geregelt werden.				
b) Es soll eine Regelung getroffen werden, welche Grundsätze gelten, wenn Mitarbeiter Urlaub beantragen.				
c) Es soll ein Fragebogen entwickelt werden, der Mitarbeitern nach Ende ihrer Probezeit vorgelegt wird.				
d) Es soll die Abteilung Buchhaltung geschlossen werden, da die Aufgaben von einer anderen Firma übernommen werden.				
e) Es soll eine Betriebsvereinbarung über Beginn und Ende der täglichen Arbeitszeit geschlossen werden.				
f) Es soll die Personalplanung für das nächste Geschäftsjahr beschlossen werden.				

4. Nennen Sie die Aufgaben der JAV.

....

....

....

....

Situation
Erarbeitung
Zusatz
Forder

1.5–1.6 Tarifverträge im Einzelhandel/Betriebliche Mitbestimmung

Forderaufgabe

Beurteilen Sie, ob die folgenden Maßnahmen rechtmäßig sind und begründen Sie Ihre Meinung.

Maßnahmen	Erlaubt? Begründung
a) Der Arbeitgeberverband möchte einen laufenden Tarifvertrag ändern, um den Wegfall von Lohnzuschlägen durchzusetzen. Zu diesem Zweck droht er mit Aussperrung.	
b) Die Belegschaft möchte die Entlassung einiger Kollegen verhindern und verlangt zu diesem Zweck vom Betriebsrat die Ausrufung eines Streiks.	
c) Für bessere Unterrichtsbedingungen ihrer Kinder treten Eltern in einen Schulstreik.	
d) Nach gescheiterten Tarifverhandlungen und Durchführung einer Urabstimmung ruft die Gewerkschaft ihre Mitglieder zum Streik für eine Verkürzung der Wochenarbeitszeit auf.	
e) Mitarbeiter einiger Einzelhandelsunternehmen aus Altstadt erklären sich mit den Streikzielen der Mitarbeiter des öffentlichen Personennahverkehrs solidarisch und treten in einen zweistündigen Sympathiestreik.	
f) Eine Gewerkschaft möchte die Forderung nach einer Änderung des Sozialgesetzbuches durch Arbeitsniederlegungen in den Betrieben nachdrücklich geltend machen.	

Situation
Erarbeitung
Zusatz
Forder

1.7 Soziale Sicherung

Erarbeitungsaufgaben

1. Nennen Sie die fünf Säulen der Sozialversicherung und ihre Träger.

Sozialversicherungen	Träger

2. Beschreiben Sie die Aufgaben der gesetzlichen Unfallversicherung.

....

....

....

....

....

....

....

3. Erläutern Sie die Gründe für die Notwendigkeit einer zusätzlichen privaten Altersvorsorge.

....

....

....

....

4. Die 17-jährige Maria Wiener und ihre Mutter überlegen, wie viel Beiträge sie insgesamt für die einzelnen Sozialversicherungen zahlen.

a) Finden Sie aktuelle Beitragssätze für die Höhe der einzelnen Versicherungszweige und tragen Sie sie in die Berechnungstabelle ein.

b) Berechnen Sie die einzelnen Beiträge, die Maria Wiener bzw. ihre Mutter von ihrem Bruttoentgelt an die Sozialversicherungsträger abführen müssen.

590846

Sozialversicherung	Höhe der Beitragssätze in %			Höhe des Beitrags in €	
	gesamt	davon Arbeitgeber	davon Arbeitnehmer	Maria, Ausbildungsvergütung: 675,00 €/ Monat	Frau Wiener, Gehalt: 2600,00 €/ Monat
Rentenversicherung					
Krankenversicherung					
Pflegeversicherung					
Arbeitslosenversicherung					
Summe der SV-Abzüge pro Monat (Arbeitnehmerabzüge)					

5. Geben Sie zu den Beispielen den richtigen Zweig der Sozialversicherung an.

Beispiel	Zweig der Sozialversicherung
a) Ein Arbeitnehmer nimmt die Vorsorgeuntersuchungen seiner Krankenkasse wahr.	
b) Die Berufsgenossenschaft kontrolliert regelmäßig die Betriebe auf Einhaltung der Unfallverhütungsvorschriften.	
c) Ein Arbeitnehmer wird entlassen und erhält Arbeitslosengeld.	
d) Ein Versicherter muss seinen Zusatzbeitrag zahlen.	
e) Ein Rentner wird nach dem Tod seiner Frau in einem Pflegeheim betreut.	
f) Ein Mitarbeiter erhält wegen erheblicher gesundheitlicher Probleme Erwerbsminderungsrente.	
g) Auf dem Weg zur Arbeit stürzt ein Mitarbeiter und muss ärztlich behandelt werden.	
h) Einem Bauarbeiter wird Schlechtwettergeld bezahlt.	
i) Arbeitgeber erhalten Zuschüsse bei Einstellung Langzeitarbeitsloser.	

Situation
Erarbeitung
Zusatz
Forder

Zusatzaufgaben

1. Ergänzen Sie den folgenden Text zur sozialen Sicherung.

Das Sozialversicherungssystem besteht aus den fünf Säulen Rentenversicherung, ..., Pflegeversicherung, ... und .... Beiträge hierzu (Ausnahme Unfallversicherung) sind bis zur jeweiligen .... zu entrichten. Alle angestellten .... sind verpflichtet, sich bei den gesetzlichen Versicherungen zu versichern – es gibt aber eine Ausnahme: Wer mindestens ein Jahr über der sogenannten .... verdient, kann in eine private Kranken- und Pflegeversicherung wechseln.

2. Ergänzen Sie die folgende Übersicht über die fünf Säulen der sozialen Sicherung.

Sozialversicherung	Träger	Leistungen, u. a.	Beitragssatz
	Deutsche Rentenversicherung Bund		
	Gesetzliche Krankenkassen		
		Geld- und/oder Sachleistungen nach erreichten Pflegestufen, für Arbeitgeber: Zuschüsse für Einstellungen	
	Bundesagentur für Arbeit, Nürnberg		3,0 %, jeweils zur Häfte
		Leistungen bei Arbeitsunfällen, Wegeunfällen und Berufskrankheit	

590848

Situation
Erarbeitung
Zusatz
Forder

Forderaufgabe

1. Julia Meißner und Lara Gruber treffen sich ein halbes Jahr, nachdem sie ihre Ausbildung zur Einzelhandelskauffrau abgeschlossen haben, wieder. Julia erzählt: „Mein Chef hat mich nach der Ausbildung für zwei Jahre übernommen. Die Arbeit macht mir richtig Spaß. Aber trotzdem wünsche ich mir viel mehr Urlaub, gerade, weil ich doch ständig samstags arbeiten muss.“ Lara erwidert: „Tja, das kann mir nicht passieren. Ich kann mir freinehmen, wann ich will. Ich bin nämlich mein eigener Chef. Bei uns in der Straße war doch dieser kleine Laden frei und da habe ich jetzt eine Secondhandboutique aufgemacht. Und was das Beste ist: Ich muss auch diese ganzen Sozialversicherungsabzüge nicht mehr zahlen!“

a) Erklären Sie, warum Lara keine Sozialversicherungsabzüge bezahlen muss.

....

....

....

b) Stellen Sie die Vorteile und Nachteile dar, die angestellte Mitarbeiter gegenüber Selbstständigen haben.

	angestellt	selbstständig
Vorteile		
Nachteile		

c) Erläutern Sie, wie sich Lara gegen die Risiken absichern kann, die die gesetzlichen Sozialversicherungen abdecken.

....

....

....

d) Recherchieren Sie im Internet nach Angeboten für Selbstständige, mit denen diese sich gegen Krankheit, Unfall und die Risiken einer Arbeitslosigkeit versichern können. Erstellen Sie eine Kostenübersicht.

e) Recherchieren Sie weiterhin, was Sie Lara für ihre Altersabsicherung empfehlen könnten.

Situation
Erarbeitung
Zusatz
Forder

1.8 Gesetzlicher Arbeitsschutz

Erarbeitungsaufgaben

1. Nennen Sie rechtliche Grundlagen für den technischen und den sozialen Arbeitsschutz.

technischer Arbeitsschutz	sozialer Arbeitsschutz

2. Stellen Sie fest, welche der folgenden Aussagen zum ArbZG richtig **R** oder falsch **F** sind.

a) Wer länger als fünf Stunden arbeitet, hat Anspruch auf mindestens 20 Minuten Pause. ☐	**f)** Wer länger als acht Stunden arbeitet, hat Anspruch auf mindestens 50 Minuten Pause insgesamt. ☐
b) Wer länger als sechs Stunden arbeitet, hat Anspruch auf mindestens 30 Minuten Pause. ☐	**g)** Wer länger als neun Stunden arbeitet, hat Anspruch auf mindestens 45 Minuten Pause insgesamt. ☐
c) Wer länger als sieben Stunden arbeitet, hat Anspruch auf mindestens 40 Minuten Pause. ☐	**h)** Wer länger als neun Stunden arbeitet, hat Anspruch auf mindestens 60 Minuten Pause insgesamt. ☐
d) Wer länger als acht Stunden arbeitet, hat Anspruch auf mindestens 50 Minuten Pause. ☐	**i)** Wer länger als zehn Stunden arbeitet, hat Anspruch auf mindestens 60 Minuten Pause insgesamt. ☐
e) Wer länger als acht Stunden arbeitet, hat Anspruch auf mindestens 45 Minuten Pause. ☐	**j)** Wer länger als elf Stunden arbeitet, hat Anspruch auf mindestens 90 Minuten Pause insgesamt. ☐

3. Ordnen Sie die unterschiedlichen Arten der Kündigungen gemäß KSchG den entsprechenden Gründen für eine sozial gerechtfertigte Kündigung zu, indem Sie die Ziffer vor den jeweiligen Arten in die Tabelle eintragen.

Kündigungsarten	
1	personenbedingte Kündigung
2	verhaltensbedingte Kündigung
3	betriebsbedingte Kündigung

	Kündigungsgrund
	mangelnde Fähigkeiten im Aneignen neuer Kenntnisse und Fertigkeiten
	ständig schlechte Arbeitsleistung
	Beleidigung von Vorgesetzten
	Stilllegung von Abteilungen
	nachhaltige Störung des Betriebsklimas
	lang andauernde Erkrankung ohne Aussicht auf Genesung
	dauerhafter Auftragsmangel
	Änderung der Arbeitsmethoden
	mangelnde körperliche oder geistige Eignung
	Rationalisierungsmaßnahmen
	Leistung von Schwarzarbeit während des Urlaubs
	alters- oder krankheitsbedingtes Nachlassen von Fähigkeiten, die für die betreffende berufliche Tätigkeit wesentlich sind
	Verstöße gegen das gesetzliche Wettbewerbsverbot
	Auflösung von Zweigstellen oder Filialen

590850

4. Kreuzen Sie in der nachfolgenden Tabelle die richtige Aussage an.

a) Die Mutterschutzfrist nach dem MuSchG beginnt vier Wochen vor der Geburt und dauert mindestens bis vier Wochen nach der Geburt.	
b) Die Mutterschutzfrist nach dem MuSchG beginnt vier Wochen vor der Geburt und dauert mindestens bis sechs Wochen nach der Geburt.	
c) Die Mutterschutzfrist nach dem MuSchG beginnt sechs Wochen vor der Geburt und dauert mindestens bis sechs Wochen nach der Geburt.	
d) Die Mutterschutzfrist nach dem MuSchG beginnt sechs Wochen vor der Geburt und dauert mindestens bis acht Wochen nach der Geburt.	
e) Die Mutterschutzfrist nach dem MuSchG beginnt vier Wochen vor der Geburt und dauert mindestens bis acht Wochen nach der Geburt.	
f) Die Mutterschutzfrist nach dem MuSchG beginnt sechs Wochen vor der Geburt und dauert mindestens bis vier Wochen nach der Geburt.	
g) Die Mutterschutzfrist nach dem MuSchG beginnt acht Wochen vor der Geburt und dauert mindestens bis sechs Wochen nach der Geburt.	

5. Erläutern Sie, wann eine Person als schwerbehindert gilt.

....

....

....

6. Stellen Sie fest, ob für die Einhaltung der folgenden Pflichten beim Gefahrenschutz gemäß UVV der Arbeitgeber (AG) oder der Arbeitnehmer (AN) verantwortlich ist. Tragen Sie die entsprechenden Buchstaben in die Spalte ein.

a) Gefährdungsbeurteilung	
b) Anweisungen einhalten	
c) mögliche Gefahrenquellen beseitigen	
d) Gefahrenbereiche kennzeichnen	
e) Meldepflicht von Arbeitsunfällen einhalten	
f) Verbot von Alkoholkonsum einhalten	
g) Feuerlöscheinrichtungen und Erste-Hilfe-Einrichtungen bereitstellen	
h) Feuerlöscheinrichtungen und Erste-Hilfe-Einrichtungen regelmäßig überprüfen	
i) notwendige Unterweisungen durchführen	
j) technische Einrichtungen nur mit Befugnis benutzen	
k) Gefährdungsdokumentation erstellen	
l) notwendige Belehrungen durchführen	

Situation
Erarbeitung
Zusatz
Forder

Zusatzaufgaben

1. Ergänzen Sie den Lückentext zum allgemeinen Kündigungsschutz.

Der allgemeine Kündigungsschutz nach dem Kündigungsschutzgesetz (KSchG) soll den Arbeitnehmer vor einer sozial .... Kündigung schützen. Voraussetzungen sind:

- Der Arbeitnehmer muss mindestens .... Jahre alt sein und seit mindestens .... Monaten im Betrieb arbeiten.
- Der Betrieb muss über mehr als .... Beschäftigte verfügen.
- Damit eine Kündigung wirksam wird, muss sie .... sein. Das bedeutet: Die Gründe für die Kündigung müssen ...., ... oder .... sein.

Im Falle betriebsbedingter Kündigungen muss eine .... getroffen werden. Bei der Sozialauswahl müssen folgende Kriterien berücksichtigt werden:

- Alter
- Betriebszugehörigkeit
- Unterhaltsverpflichtungen
- Schwerbehinderung

Nicht in die Sozialauswahl einbezogen werden solche Mitarbeiter, deren Weiterbeschäftigung im besonderen .... oder .... Interesse des Betriebs liegt.

Der Betriebsrat muss vor der Kündigung .... werden (Anhörung). Er hat die Möglichkeit, bei Vorliegen bestimmter Gründe innerhalb einer Woche .... zu widersprechen.

2. Ergänzen Sie die nachfolgende Tabelle zu möglichen Kündigungsgründen nach dem Kündigungsschutzgesetz.

Kündigungsgründe nach § 1 KSchG		
Leistung von Schwarzarbeit im Urlaub	mangelnde Fähigkeit im Aneignen von Kenntnissen	Rationalisierungsmaßnahmen

Forderaufgabe

1. Seien Sie der Experte und beantworten Sie mithilfe eines Auszugs aus dem Mutterschutzgesetz (Download unter www.winklers.de, Suche: 5908) folgende Fragen.

a) Rabea ist Besitzerin des Friseursalons „Haarig“ und freut sich sehr, dass ihre Angestellte Mia, die in sechs Wochen ein Baby bekommt, noch weitere zwei Wochen arbeiten möchte. Rabea möchte auf die Fachkraft nicht verzichten und gerne die hochschwangere Mia weiter beschäftigen. Zudem zeigt Mia Interesse, auch gleich nach der Geburt ihres Kindes wieder zur Arbeit zu kommen. Stellen Sie fest, ob beides uneingeschränkt möglich ist.

....

....

....

b) Lisa arbeitet als Verkäuferin in einem Supermarkt. Leider wurde ihr aus betriebsbedingten Gründen gekündigt. Zum Zeitpunkt der Kündigung wusste sie noch nicht, dass sie schwanger ist. Erläutern Sie die rechtlich begründete Reaktion von Lisa.

c) Vanessa ist verwundert, dass es mit ihrem Chef in letzter Zeit häufig zu Streitereien kommt. Vielleicht liegt es an ihrer Schwangerschaft, da ist sie im Moment sehr gereizt. Mitteilen möchte sie ihrem Chef aber auch nicht, dass sie schwanger ist. „Schwanger sein ist reine Privatsache", sagt sie. Beurteilen Sie diese Einstellung.

d) Laura kommt in den letzten Wochen häufig völlig geschafft von der Arbeit nach Hause. Liegt das an ihrer Schwangerschaft? Sie muss ständig stehen und manchmal Botengänge tätigen. Das strengt sie enorm an. Ihr Arbeitgeber weiß von der Schwangerschaft, Laura will aber keine Pausen oder Ähnliches einfordern. Sie glaubt, ihr stehe so etwas nicht zu. Ermitteln Sie die Rechtslage.

e) Erstellen Sie ein Merkblatt für Ausbilder, in dem alle wichtigen Regelungen, die für werdende Mütter gelten, zusammengefasst sind.

Regelung	Erläuterung

Situation
Erarbeitung
Zusatz
Forder

1.9 Umweltschutz

Erarbeitungsaufgaben

1. Erläutern Sie den Begriff „nachhaltige Entwicklung“ anhand der Forstwirtschaft.

2. Beschreiben Sie die Ziele des Gesetzes zur Förderung der Kreislaufwirtschaft und Sicherung der umweltverträglichen Bewirtschaftung von Abfällen (KrW-/AbfG) sowie der Verpackungsordnung.

Gesetz zur Förderung der Kreislaufwirtschaft und Sicherung der umweltverträglichen Bewirtschaftung von Abfällen (KrW-/AbfG)	Verpackungsordnung
Ziel	**Ziel**

3. Unterscheiden Sie Transport-, Um- und Verkaufsverpackung anhand von Beispielen.

Transportverpackungen	Umverpackungen	Verkaufsverpackungen

4. Analysieren Sie die Grafik „In die Tonne“.

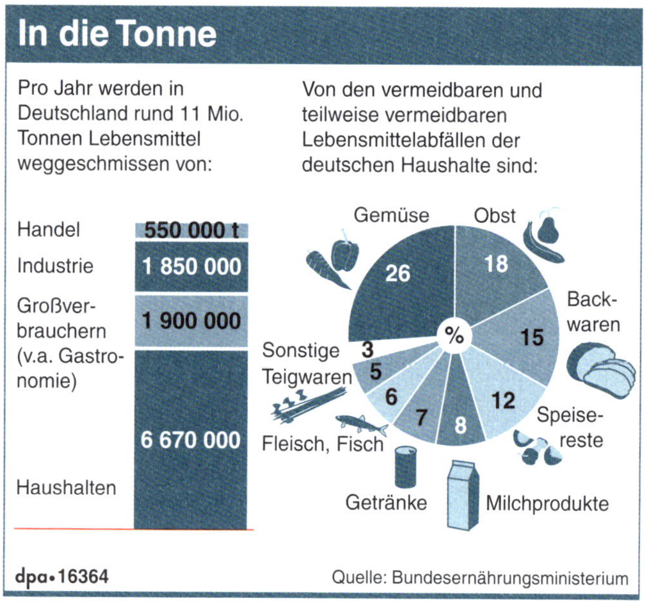

a) Nennen Sie Ursachen für das tägliche Entsorgen von eigentlich noch verkaufsfähigen Lebensmitteln.

....

....

....

....

....

b) Erarbeiten Sie Vorschläge für eine sinnvolle Verwendung der entsorgten Lebensmittel.

....

....

....

....

Zusatzaufgaben

1. In einem Einzelhandelsbetrieb werden täglich viele Waren verpackt.

a) Nennen Sie die Arten von Verpackungen, die im Einzelhandel anfallen und geben Sie jeweils ein Beispiel.

b) Beschreiben Sie zu jeder Verpackungsart Maßnahmen, wie deren Aufkommen reduziert werden kann.

zu a) Verpackungsarten		**zu b) Maßnahmen zur Reduzierung**
Art	Beispiel	

2. Nennen Sie drei Maßnahmen, die ein Einzelhandelsbetrieb ergreifen kann, um umweltfreundlicher zu handeln.

....

....

....

....

Situation
Erarbeitung
Zusatz
Forder

1.10 Techniken zum Lernen und Präsentieren

Erarbeitungsaufgaben

1. Beschreiben Sie Brainstorming als eine Methode zur Ideenfindung.

2. Erstellen Sie einen Plan für eine Präsentation zum Thema „Wahl einer Jugend- und Auszubildendenvertretung" in Ihrer Berufsschulklasse.

Thema	Wahl einer Jugend- und Auszubildendenvertretung
Ziel	
Zielgruppe	
Zeit	
Struktur	
Medienunterstützung	
Diskussionsablauf	

Zusatzaufgaben

1. Bilden Sie Gruppen und legen Sie innerhalb der Gruppen fest, wer welche Funktionen bei der Gruppenarbeit übernehmen soll.

   a) Wählen Sie mit Ihrer Gruppe eines der folgenden Themen und erstellen Sie einen Plan für eine 5-minütige Präsentation zu diesem Thema.
   A) Brainstorming B) Lerntagebuch C) Mindmapping D) Gruppenarbeit

b) Bereiten Sie Ihre Präsentation gemeinsam vor.

c) Legen Sie fest, welche Gruppenmitglieder die Präsentation vor Ihrer Klasse halten.

d) Werten Sie Ihre Präsentation aus. Machen Sie sich Notizen in der folgenden Tabelle.

Das war super!	Das machen wir beim nächsten Mal besser!

1.9–1.10 Umweltschutz/Techniken zum Lernen und Präsentieren

Forderaufgaben

1. Die SoWi-Sport GmbH ist ein großes Sportgeschäft mit 18 Beschäftigten, das ausgewählte Sommer- und Wintersportartikel verkauft. Für den Sommersport ist das Unternehmen auf den Verkauf von Jogging-, Walking- und Trekkingartikel spezialisiert. Für den Wintersport vertreibt die SoWi-Sport Artikel für den alpinen und Langlauf-Skisport. Von dem Geschäftsführer, Herrn Koch, werden Sie gebeten, sich Gedanken über eine stärkere Umsetzung des Nachhaltigkeitsprinzips bei der SoWi-Sport zu machen. „Wir dürfen diese Entwicklung nicht verschlafen", so Herr Koch, „denn auch immer mehr unserer Kunden lassen im Gespräch erkennen, dass sie das Gebot des nachhaltigen Wirtschaftens nicht für den letzten Quatsch von irgendwelchen Öko-Spinnern halten."

   a) Erklären Sie das Wesen des Nachhaltigkeitsprinzips.

   ....

   ....

   ....

   b) Fertigen Sie eine Übersicht nach unten stehendem Muster an, in der Sie mögliche Maßnahmen vermerken, die die drei relevanten Handlungsbereiche des Nachhaltigkeitsprinzips betreffen.

Handlungsbereich	Maßnahmen der SoWi-Sport GmbH
Bereich ökologische Verträglichkeit	
Bereich ökonomische Verträglichkeit	
Bereich soziale Verträglichkeit	

Situation
Erarbeitung
Zusatz
Forder

c) Weisen Sie bei Ihren Vorschlägen auf mögliche Zielkonflikte zwischen den Maßnahmen hin.

d) Nennen Sie die Maßnahmen, zwischen denen Ihrer Meinung nach eine klare Zielharmonie besteht.

e) Bereiten Sie Ihre Ergebnisse auf einer Folie oder mehreren Folien so auf, dass Sie sie Herrn Koch präsentieren können.

2 Verkaufsgespräche kundenorientiert führen

Lernsituation 1: Anforderungen an das Verkaufspersonal

Situation

Im Schuhhaus Graziano wird besonderer Wert auf einen guten Service gelegt. Selbstbedienung ist für die Inhaber ein Fremdwort, daher stellen sie große Ansprüche an ihr Verkaufspersonal.

Der Auszubildende Enrico hat schon vor Ausbildungsbeginn ein Praktikum im Schuhhaus Graziano absolviert. Während dieser Zeit hat er seine Fragetechniken im Verkaufsgespräch bereits verändert. In der ersten Woche hat er die Kunden noch folgendermaßen angesprochen: „Hallo! Suchen Sie etwas Bestimmtes?" Heute formuliert er seine Begrüßung mit mehr Bedacht: „Guten Tag. Ich sehe, Sie interessieren sich für eines dieser neuen Modelle aus der aktuellen Kollektion. Welche Größe brauchen Sie denn?"

Frau Graziano ist sehr zufrieden mit den Fortschritten, die Enrico bereits gemacht hat.

Arbeitsaufträge zur Lernsituation 1

1. Erläutern Sie die Unterschiede zwischen den beiden Fragen zur Begrüßung. Erörtern Sie die Unterschiede in Partnerarbeit.

Unterschiede in der Begrüßung	
„Hallo! Suchen Sie etwas Bestimmtes?"	„Guten Tag. Ich sehe, Sie interessieren sich für eines dieser neuen Modelle aus der aktuellen Kollektion. Welche Größe brauchen Sie denn?"

Situation

Erarbeitung

Zusatz

Forder

2. Erläutern Sie, warum Frau Graziano mit Enricos Fortschritten zufrieden ist.

....

....

....

....

3. Nicht nur Frau Graziano hat genaue Vorstellungen, wie ihr Verkaufspersonal gegenüber den Kunden auftreten soll. Erstellen Sie gemeinsam mit Ihrem Nachbarn eine Checkliste, die die Ansprüche eines Arbeitgebers an sein Verkaufspersonal auflistet und geben Sie Tipps, wie man diese erfüllen kann.

Ansprüche des Arbeitgebers an das Verkaufspersonal	
Checkliste	**Tipps**

4. „Gutes Auftreten“ kann man lernen. Stellen Kunden ähnliche Ansprüche an das Verkaufspersonal wie die Arbeitgeber? Erläutern Sie Ihre Überlegungen.

Ansprüche der Kunden an das Verkaufspersonal:

....

....

....

....

....

....

590860

5. Wie das Verkaufspersonal auf die Kunden zugeht, hängt auch von der Verkaufsform ab.

a) Nennen Sie die Verkaufsform des Schuhhauses Graziano.

....

b) Neben der genannten Verkaufsform gibt es weitere. Tragen Sie die drei Verkaufsformen in die Tabelle ein und erläutern Sie, welche Ansprüche die Kunden an die jeweilige Verkaufsform stellen.

Verkaufsform	Ansprüche der Kunden

6. Eine passende Begrüßung ist die perfekte Eröffnung für ein gutes Verkaufsgespräch. Erstellen Sie ein Rollenspiel in Partnerarbeit, das eine angemessene und kundenfreundliche Begrüßung zeigt. Tragen Sie das Rollenspiel in Ihrer Klasse vor.

Rollenkarte Kundin/Kunde	Rollenkarte Verkäuferin/Verkäufer

Situation
Erarbeitung
Zusatz
Forder

Lernsituation 2: Abschluss eines Verkaufsgesprächs

Situation

Auf Enrico kommt eine gut gekleidete Frau mittleren Alters zu: „Junger Mann, ich suche zu meinem Versace-Kleid passende Schuhe. Können Sie mir helfen?" Enrico schaut die Frau an und führt sie zu den Pumps. – „Nein, nein. Ich suche keine einfachen Schuhe. Ein wenig ausgefallen dürfen sie schon sein."

Später hat die Dame zwei Paar Schuhe gefunden, die ihrer Vorstellung scheinbar entsprechen. Sie probiert sie immer wieder abwechselnd an, geht vor dem Spiegel hin und her und schaut sich ab und zu um. Manchmal schaut sie auf die Uhr. Enrico steht neben ihr und lächelt freundlich. Frau Graziano hatte ihm gesagt, dass er Kunden nicht einfach stehen lassen darf.

Arbeitsaufträge zur Lernsituation 2

1. Beurteilen Sie Enricos Verhalten im ersten Teil des Verkaufsgesprächs.

2. Erläutern Sie, wie Sie sich in dieser Situation verhalten hätten.

3. Erläutern Sie, welche Tipps Sie daraus für Enrico ableiten können.

4. Erläutern Sie, wodurch Sie feststellen, dass ein Kunde zum Kauf bereit ist.

....

....

....

5. Erfahrene Verkäufer kennen Techniken, ihren Kunden bei der Kaufentscheidung zu helfen. Fünf Möglichkeiten sind in der folgenden Tabelle genannt. Formulieren Sie Sätze, die Enrico in der oben beschriebenen Situation verwenden könnte.

Abschlusstechnik	Beispiel
Alternativfragen stellen	
Ja-Fragen-Technik anwenden	
Direkt zum Kauf auffordern	
Auswahl einschränken	
Empfehlung geben	

6. Geben Sie Enrico Hinweise, wie er sich bei der Verabschiedung verhalten sollte.

....

....

....

....

....

....

....

....

Situation
Erarbeitung
Zusatz
Forder

2.1 Der Umgang mit dem Kunden

Erarbeitungsaufgaben

1. Frau Meier betritt wie jeden Montagmorgen den Einkaufsladen um die Ecke. Beim Schauen ihrer Lieblingsserien hat sie gestern Werbung für einen neuen Joghurt gesehen. Diesen möchte sie nun probieren. Nach einigen Minuten erfolglosen Suchens spricht sie eine Verkäuferin an: „Entschuldigung, ich suche den neuen Joghurt, der gestern im Fernsehen war. Können Sie mir sagen, wo ich den hier finden kann?“

a) Im Folgenden sind mögliche Reaktionen der Verkäuferin dargestellt. Bewerten Sie die Reaktionen nach ihrer Kundenorientierung. Nutzen Sie die Noten 1 = sehr gut, 2 = mittelmäßig, 3 = ungenügend.

Mögliche Reaktion	Kundenorientierung
I. „Joghurts stehen da hinten.“	
II. „Wenn ich hier fertig bin, kümmere ich mich um Sie.“	
III. „Meinen Sie den Joghurt aus der ABC-Sendung? Den zeige ich Ihnen.“	
IV. „Ich sehe mir generell keine Werbung an.“	
V. „Fällt Ihnen der Name des Joghurts ein?“	
VI. „Ich frage mal einen Kollegen, ob der den kennt.“	
VII. „Sollen wir gemeinsam den Joghurt suchen?“	
VIII. „Ich kann nicht alle Werbefilme kennen.“	
IX. „Da müssen Sie sich schon genauer ausdrücken.“	

b) Lesen Sie nochmals die unter a) genannten Reaktionen und die Bewertung, die Sie ihnen gegeben haben. Begründen Sie, warum Sie Aussagen mit 1, 2 oder 3 bewertet haben.

Die Reaktionen habe ich deshalb mit … bewertet, weil	
… 1 = sehr gut …	
… 2 = mittelmäßig …	
… 3 = ungenügend …	

c) Nennen Sie eine kundenorientierte Antwort, die Sie der Kundin geben würden.

……………………………………………………………………………………

……………………………………………………………………………………

d) Definieren Sie den Begriff Kundenorientierung.

……………………………………………………………………………………

……………………………………………………………………………………

e) Erläutern Sie den Zusammenhang dieser Situation mit Kundenorientierung.

……………………………………………………………………………………

……………………………………………………………………………………

590864

Situation
Erarbeitung
Zusatz
Forder

f) Erläutern Sie, ob eine gute Kundenorientierung auch für Ihren Ausbildungsbetrieb wichtig ist.

....

....

2. Die Kontaktaufnahme ist eine der schwierigsten Phasen in einem Verkaufsgespräch, da sie über den ersten Eindruck entscheidet.

a) Beschreiben Sie, welche Erwartungen Kunden an ein Geschäft bzw. das Verkaufspersonal stellen.

Geschäft	Verkaufspersonal

b) Beschreiben Sie, was für Sie zu einem „gepflegten Erscheinungsbild" gehört.

....

....

c) Beschreiben Sie drei mögliche Erscheinungsbilder unterschiedlicher Branchen.

Branche	Erscheinungsbild

d) Beschreiben Sie den Einfluss der Verkaufsform auf das Verhalten des Verkaufspersonals.

Verkaufsform	Verhalten des Verkaufspersonals
Bedienung	
Vorwahl	
Selbstbedienung	

3. Nehmen Sie zu der folgenden Aussage Stellung und begründen Sie Ihre Meinung.

> „Serviceleistungen kosten den Einzelhändler nur zusätzliches Geld. Das sind unnütze Ausgaben, denn den Kunden kommt es nur auf die Qualität der Waren an."

....

....

....

2.2 Warenwissen nutzen

Erarbeitungsaufgaben

1. „Verkaufspersonal muss über kundengerechte Warenkompetenz verfügen!"

a) Erläutern Sie diese Aussage.

....

....

....

b) Begründen Sie, warum sich ein guter Verkäufer nicht nur zu Beginn seiner Berufstätigkeit, sondern ständig über seine Waren informiert.

....

....

....

2. Erläutern Sie die Möglichkeiten, die das Verkaufspersonal hat, um sich über die Waren zu informieren oder auf dem neuesten Stand der Entwicklungen zu bleiben.

....

....

....

3. Erstellen Sie einen Warensteckbrief zu einem Produkt aus Ihrem Ausbildungsbetrieb.

Warensteckbrief	
Artikelbezeichnung	
Hersteller	
Produktmerkmale	

4. Produkte können aufgrund ihrer unterschiedlichen Eigenschaften verschiedene Nutzenvorstellungen erfüllen. Nennen Sie drei Produkte aus Ihrem Ausbildungsbetrieb und beschreiben Sie deren Eigenschaften und den daraus resultierenden Nutzen.

Produkt	Eigenschaften	Nutzen

5. Im Rahmen der Verkaufsargumentation wird häufig von Grund- und Zusatznutzen einer Ware gesprochen. Erläutern Sie den Grund- und Zusatznutzen von drei Waren.

Beispiele	Grundnutzen	Zusatznutzen

6. Qualität ist nicht gleich Qualität. Erläutern Sie die Begriffe objektive und subjektive Qualität.

7. Erläutern Sie anschaulich eine kundenorientierte Argumentation.

a) kundenorientierte Argumentation beim Verkauf eines Mobiltelefons

b) kundenorientierte Argumentation anhand eines selbstgewählten Beispiels

Situation
Erarbeitung
Zusatz
Forder

2.1–2.2 Der Umgang mit dem Kunden, Warenwissen nutzen

Zusatzaufgaben

1. Ergänzen Sie den Text über Kundenorientierung sinnvoll. Nutzen Sie die Begriffe aus dem Kasten.

angenehm/den Betriebserfolg/Einzelhändler/freundlich/gepflegt/hilfsbereit/Kunden/Kunden/Kunden/Kundenbindung/Mitarbeiter/respektvoll/zugänglich

Kundenorientierung bedeutet für den ...., sich nach den Wünschen und Bedürfnissen seiner .... zu richten. Erfolgreiche Kundenorientierung schafft .... und sichert .... Ein .... sollte stets ...., ... und .... im Umgang mit Kunden sein. Seine Erscheinung ist .... und zeigt ebenfalls, dass er .... mit Kunden umgeht. Kunden sind zu umsorgen, ihnen ist das Einkaufserlebnis so .... wie nur möglich zu gestalten. Zufriedene .... sind treue ....

2. Herr Lehmann arbeitet in einem kleinen Sportfachgeschäft. Er sagt: „Also zuerst einmal muss ich selbst meine Arbeit schaffen, Regale einräumen, neue Ware bestellen und so. Dann sind ja da noch die Kollegen, wenn ich mich gar nicht mit denen unterhalte, was ist denn das für eine Stimmung? Das könnnen die Kunden doch verstehen und mal ein bisschen warten."

a) Nennen Sie einen Grundsatz der Kundenorientierung, den Herr Lehmann mit dieser Einstellung nicht befolgt.

....

b) Geben Sie Herrn Lehmann zwei weitere Hinweise, wie er gegenüber Kunden auftreten sollte, damit sie öfter in dem Geschäft einkaufen.

....

c) Begründen Sie, warum es für den Einzelhändler wichtig ist, dass Kunden möglichst regelmäßig in seinem Geschäft einkaufen.

....

....

d) Nennen Sie den Fachbegriff für das Ziel, dass Kunden regelmäßig in einem Geschäft einkaufen.

....

3. Nennen Sie drei Möglichkeiten, sich Warenkenntnisse direkt in Ihrem Ausbildungsbetrieb anzueignen und drei Möglichkeiten, sie sich außerhalb Ihres Betriebs anzueignen.

im Ausbildungsbetrieb	außerhalb des Ausbildungsbetriebs

4. Erläutern Sie die Begriffe Grundnutzen und Zusatznutzen.

....

....

5. Finden Sie Synonyme für die Begriffe objektiv und subjektiv.

....

....

6. Entscheiden Sie, welche der folgenden Aussagen zu subjektiver und objektiver Qualität richtig **R** bzw. falsch **F** sind.

a) Subjektive Qualität kann durch Gütezeichen bewiesen werden. ☐

b) Die objektive Qualität von Waren kann verglichen werden, indem die Eigenschaften der Waren verglichen werden. ☐

c) Subjektive Qualität ist die Qualität, die der Kunde wahrnimmt. ☐

d) Ist der Kunde von der subjektiven Qualität einer Ware nicht überzeugt, muss der Verkäufer seine Verkaufsargumente noch einmal wiederholen. ☐

e) Die Einteilung in Handelsklassen hilft bei der Bewertung der subjektiven Qualität. ☐

Forderaufgaben

1. Formulierungen wie „Dieses Produkt ist sehr gut“ oder „Dieses Stück steht Ihnen ausgezeichnet“ sind in Verkaufsgesprächen sehr häufig zu hören.

a) Beschreiben Sie zwei Einwände, die man gegen diese häufigen Formulierungen haben kann.

....

....

b) Erstellen Sie eine Liste mit 15 aussagekräftigen Beschreibungen von Waren Ihres Ausbildungsbetriebs.

....

....

....

....

2. Verbraucherbefragungen zeigen, dass bei vielen technischen Produkten der größere Teil der Verwendungsmöglichkeiten niemals genutzt wird. Es gibt Meinungen, die besagen, dass also die Verkäufer ihre Kunden im Allgemeinen zu wenig über die Möglichkeiten ihrer Neuerwerbungen informieren.

a) Entscheiden Sie, ob Sie dieser Behauptung zustimmen und begründen Sie Ihre Meinung.

....

....

b) Begründen Sie, warum Waren oft Funktionen haben, die viele Kunden nicht benötigen.

....

....

....

....

Situation
Erarbeitung
Zusatz
Forder

2.3 Erfolgreich kommunizieren

Erarbeitungsaufgaben

1. Ergänzen Sie das Kommunikationsquadrat.

a) Fügen Sie die folgenden Begriffe an den richtigen Stellen in der ersten und vierten Spalte ein. Beachten Sie, dass ein Begriff auch mehrfach verwendet werden kann.

Appell/Beziehungs/Sach/Selbstkundgabe

Die vier Seiten einer Nachricht …			
… aus Sicht des Senders (Sprecher)		… aus Sicht des Empfängers (Zuhörer)	
Sachseite			..............................ohr
..............................seite			..............................ohr
..............................seite			..............................ohr
..............................seite			Appellohr

b) Fügen Sie die Ziffern vor den folgenden Fragen in die richtigen Kästchen der zweiten und dritten Spalte ein.

1 Was hält der Sender von mir?
2 Was soll ich tun oder lassen?
3 Was teile ich von mir persönlich mit?
4 Was teilt der Sender über sich selbst mit?
5 Welche sachliche Information bekomme ich?
6 Welche sachliche Information gebe ich?
7 Wie stehe ich zu dem Empfänger?
8 Wozu möchte ich den Empfänger auffordern?

2. Ergänzen Sie die Tabelle, indem Sie beschreiben, was der Empfänger auf den verschiedenen Ohren jeweils hören kann.

Der Chef fragt: „Haben Sie die Getränkekisten schon weggeräumt?“	
Seite der Nachricht	Der Empfänger denkt:

3. Ergründen Sie, welche körpersprachlichen Signale Sie wahrnehmen und welche Bedeutung diese Signale haben können. Arbeiten Sie in Gruppen.

a) Erstellen Sie gemeinsam ein Wörterbuch für körpersprachliche Kommunikationsmittel.
- Jedes Gruppenmitglied schreibt fünf körpersprachliche Signale und ihre Bedeutung auf.
- Tauschen Sie sich über ihre Ergebnisse aus. Sammeln Sie alle in der Gruppe genannten körpersprachlichen Signale und ordnen Sie nach Kopf, Arme, Hände und Finger und Körperhaltung.
- Einigen Sie sich über die jeweiligen Bedeutungen.
- Halten Sie Ihre Ergebnisse in geeigneter Form fest.

Körpersprachliches Signal	Bedeutung/Aussage
Kopfnicken	Bestätigung, der Kunde scheint zufrieden, bejaht das Produkt/die Entscheidung, möchte dieses Produkt kaufen
verschränkte Arme vor dem Körper	

b) Machen Sie Vorschläge, wie Sie Ihr Wörterbuch sinnvoll in Ihrem Berufsalltag nutzen können.

....

....

....

....

....

4. Ein guter Verkäufer sollte sich immer bemühen, mit dem Kunden im Gespräch zu bleiben. Dabei ist es hilfreich, Gesprächsförderer und Gesprächsstörer zu kennen.

a) Beschreiben Sie jeweils zwei Beispiele für verbale Gesprächsförderer und Gesprächsstörer.

Verbale Gesprächsförderer	Verbale Gesprächsstörer

b) Beschreiben Sie jeweils zwei Beispiele für nonverbale Gesprächsförderer und Gesprächsstörer.

Nonverbale Gesprächsförderer	Nonverbale Gesprächsstörer

c) Testen Sie Ihre Ergebnisse aus den Aufgaben a) und b) in Partnerarbeit.
- Einigen Sie sich mit Ihrem Nachbarn, wer zuerst der Kunde und wer der Verkäufer ist.
- Kündigen Sie als Verkäufer nicht an, ob Sie das Gespräch fördern oder stören möchten.
- Notieren Sie Ihre Beobachtungen.
- Wechseln Sie Ihre Rollen.

5. „Die Kunden wollen immer nur sparen! Sie kommen bloß hierher, um sich beraten zu lassen, kaufen tun sie dann woanders." – Es gibt Formulierungen, die der Verkäufer unbedingt vermeiden sollte.

a) Begründen Sie, warum die genannte Aussage nicht gegenüber Kunden ausgesprochen werden sollte.

....

....

b) Definieren Sie den Begriff Killerphrasen und erläutern Sie deren Wirkung auf einen Kunden im Verkaufsgespräch.

....

....

c) Nennen Sie Reizworte, mit denen man als Verkäufer sehr vorsichtig umgehen sollte.

....

Zusatzaufgaben

1. Lena Sievers soll in der Berufsschule einen kurzen Vortrag über Kommunikationsmodelle halten. Sie hat sich Notizen gemacht, um sich darauf vorzubereiten. Nun hat ihr Hund mit den Blättern gespielt und sie hat nur noch die folgenden Papierschnipsel:

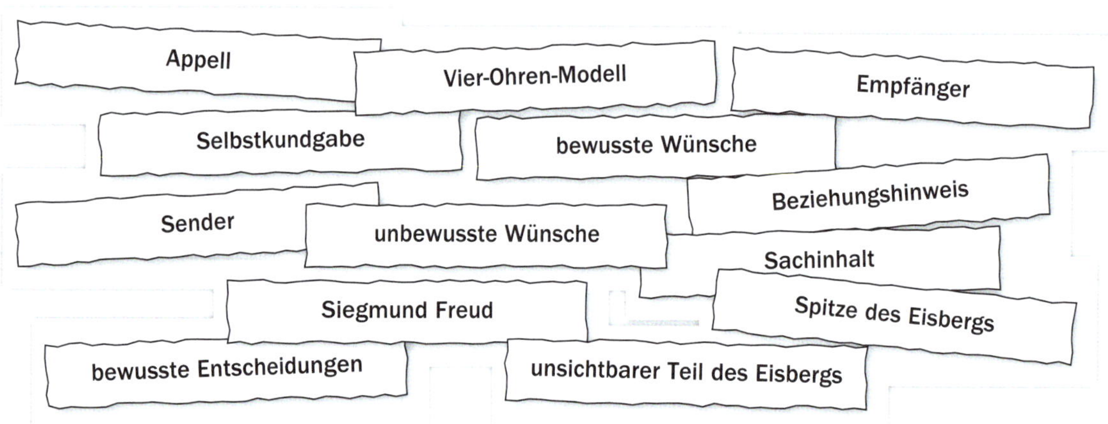

a) Lesen Sie die Begriffe und geben Sie an, über welche beiden Kommunikationsmodelle Lena sprechen wollte. Notieren Sie diese in der Überschriftenzeile der Tabelle.

b) Ordnen Sie die oben stehenden Begriffe dem jeweils richtigen Kommunikationsmodell zu und notieren Sie sie in der Tabelle.

c) Nutzen Sie die von Lena gesammelten Stichpunkte und beschreiben Sie in jeweils zwei bis drei Sätzen, was die beiden Kommunikationstheorien aussagen.

2. Kommunikation findet nicht nur mit Sprache, sondern auch ganz ohne Worte statt.

a) Erläutern Sie die Begriffe verbale Kommunikation und nonverbale Kommunikation.

b) Im Folgenden sind Beispiele von Verhaltensweisen dargestellt. Geben Sie zu jedem Beispiel an,
- was das dargestellte Verhalten über die Stimmung der Person aussagt,
- ob das Verhalten zum Bereich Haltung, Gestik, Mimik, Lautstärke, Sprechtempo oder Stimmhöhe gehört,
- ob die Person verbal oder nonverbal kommuniziert.

Verhalten der Person	**Stimmung der Person**	**Haltung, Gestik, Mimik, Lautstärke, Sprechtempo und/oder Stimmhöhe**	**verbale Kommunikation oder nonverbale Kommunikation**
I. Herr Krause sagt sehr schnell ohne Pausen und mit recht hoher Stimme: „Das glaube ich Ihnen gerne, dass Sie leider keine anderen Geflügelscheren anbieten können …“	Er ist aufgeregt, eventuell verärgert.	Sprechtempo, Stimmhöhe	verbal
II. 			
III. 			
IV. Lena Sievers spricht mit sehr leiser Stimme und recht langsam.			
V. 			

Situation
Erarbeitung
Zusatz
Forder

3. Geben Sie Lena Sievers sechs Hinweise zum kundenorientierten Sprechen.

....

....

....

....

....

....

....

2.4.1 Verkaufsgespräch – Begrüßung

Erarbeitungsaufgaben

1. Geben Sie an, mit welchen nonverbalen Mitteln Sie das Vertrauen von Kunden gewinnen.

Gestik/Mimik des Verkäufers	geeignet, um Vertrauen zu gewinnen
a) versteckte Hände	
b) offene Hände	
c) freundliches Lächeln	
d) vor dem Oberkörper verschränkte Arme	
e) hochgestrecktes Kinn	
f) gelegentliches Kopfnicken beim Zuhören	
g) Blickkontakt mit dem Kunden	

2. Je nach Verkaufsform erwartet der Kunde unterschiedliche Ansprachen. Erstellen Sie eine Übersicht über verschiedene Kundenansprachen unter Berücksichtigung der Verkaufsformen.

Verkaufsform	Kundenansprache
Bedienung	
Vorwahl	
Selbstbedienung	

3. Entscheiden Sie, ob folgende Formulierungen kundenorientiert und höflich sind. Schlagen Sie für ungünstige Aussagen verbesserte Formulierungen vor.

590874

Formulierung	günstig/ungünstig, weil ...	bessere Formulierung
a) „Ich gehe voraus und zeige Ihnen den Weg."		
b) „Darf ich Ihnen zeigen, welche Ware wir ganz neu bekommen haben?"		
c) „Kann ich Ihnen helfen?"		

4. Formulieren Sie zu drei Waren aus Ihrem Ausbildungssortiment eine warenbezogene Kundenansprache in wörtlicher Rede.

Ware	Beispiel für warenbezogene Kundenansprache

5. Ein Kunde sagt: „Ich möchte mich nur mal umschauen."

a) Erläutern Sie, welche Befürchtungen sich hinter dieser Aussage verbergen können.

....

b) Beschreiben Sie Ihr Verhalten als Verkäufer in dieser Situation.

....

....

c) Geben Sie Beispiele für mögliche Antworten.

....

....

6. Lena Sievers, Auszubildende im Modehaus Müller, ist frustriert: Es ist erst früher Nachmittag und gerade hat sie es heute zum dritten Mal erlebt, dass ein Kunde, den sie angesprochen hat, einfach nicht reagiert hat. Die erste Kundin hat sie direkt nach Betreten des Geschäfts angesprochen: „Was hätten Sie denn gern?" Die Kundin hat sich sofort umgedreht und ist wieder gegangen. Der zweite Kunde hat getan, als würde er sie nicht hören und die dritte Kundin hat sich an eine Kollegin gewandt.

a) Erläutern Sie Lena Sievers mögliche Gründe für die Reaktionen der Kunden.

....

....

....

....

Situation
Erarbeitung
Zusatz
Forder

b) Empfehlen Sie Lena Sievers eine angemessene Verhaltensweise für die Begrüßung von Kunden.

Zusatzaufgaben

1. Beschreiben Sie die Erwartungen, die Kunden bei der Begrüßung haben können.

2. Erläutern Sie, wodurch die Begrüßung in einem Bedienungsgeschäft gekennzeichnet ist.

3. Erläutern Sie, was Verkäufer in einem Selbstbedienungsgeschäft beim Eintritt des Kunden beachten sollten.

4. Nennen Sie zwei Überlegungen, die bei der Kontaktaufnahme in einem Geschäft mit Vorwahl bedacht werden sollten.

5. Beschreiben Sie jeweils eine Situation, in der die Kundenansprache warenbezogen bzw. personenbezogen erfolgen sollte.

Situation für warenbezogene Ansprache	Situation für kundenbezogene Ansprache

2.3–2.4.1 Erfolgreich kommunizieren, Begrüßung

Forderaufgabe

1. Um zu beschreiben, wie eine Person auftritt, gibt es viele Wörter. Im Folgenden finden Sie eine Auswahl:

> abweisend, arrogant, aufdringlich, bescheiden, cholerisch, energisch, entgegenkommend, freundlich, gehemmt, gelangweilt, geschwätzig, gleichgültig, hastig, herablassend, hochnäsig, höflich, jovial, knapp, kontaktfreudig, langsam, laut, leise, leutselig, nervös, offen, phlegmatisch, redselig, reserviert, schnell, schnippisch, schüchtern, umständlich, unsicher, verschlossen, wirr, wütend, zornig

a) Unterscheiden Sie die Wörter zur Beschreibung des nonverbalen Auftretens von denen zur Beschreibung des verbalen Auftretens.

b) Notieren Sie hinter jedem Wort, ob es
- bei verbalem Auftreten die Lautstärke, das Sprechtempo oder die Stimmhöhe betrifft,
- bei nonverbalem Auftreten Körperhaltung, Gestik oder Mimik betrifft.

Verbales Verhalten				Nonverbales Verhalten			
Beschreibung	Lautstärke	Sprechtempo	Stimmhöhe	Beschreibung	Haltung	Gestik	Mimik

c) Organisieren Sie eine Gruppenarbeit, um zu testen, ob Sie und Ihre Mitschüler/innen die einzelnen Eigenschaften deutlich machen und bei anderen Personen erkennen können.
- Jedes Gruppenmitglied schreibt insgesamt sechs der oben genannten Begriffe auf jeweils einen Zettel.
- Alle Zettel werden zusammengefaltet, sodass sie nicht mehr lesbar sind, und in die Mitte des Tisches gelegt.
- Ein Schüler nimmt sich einen Zettel, zeigt ihn den anderen nicht und spielt den Begriff.
- Die anderen Schüler müssen erkennen, welche Eigenschaft der Schüler spielt.

Situation
Erarbeitung
Zusatz
Forder

2.4.2 Verkaufsgespräch – Bedarfsermittlung

Erarbeitungsaufgaben

1. Lesen Sie den Dialog und beantworten Sie die Fragen.

Ein junger Mann betritt ein Fahrradgeschäft.

Verkäufer:	„Kann ich helfen?“
Kunde:	„Ich suche ein Fahrrad.“
Verkäufer:	„Haben Sie da an etwas Bestimmtes gedacht?“
Kunde:	„Nein!“
Verkäufer:	„Welchen Fahrradtyp hätten Sie denn gern?“
Kunde:	„Weiß ich nicht. Ich möchte damit schnell fahren.“
Verkäufer:	„Dann bietet sich ein Rennrad an. Wie viel möchten Sie denn ausgeben?“
Kunde:	„Maximal 700,00 €.“
Verkäufer:	„Oh, das wird schwierig. Da werden wir kein Rennrad für Sie haben. Wie wäre es denn mit einem Trekkingrad?“
Kunde:	„Ich weiß nicht, ein schnelles Rad wäre mir lieber. Vielleicht sollte ich mir das dann doch noch einmal überlegen.“

a) Bestimmen Sie, welche Fragen des Verkäufers eine Entscheidung von dem Kunden verlangen.

....

b) Beschreiben Sie die Funktionen, die Fragen übernehmen können.

....

c) Begründen Sie, warum die Fragen des Verkäufers nicht zielführend sind.

....

....

d) Zeigen Sie auf, inwiefern sich die Fragen des Verkäufers auf seinen Handlungsspielraum auswirken.

....

....

e) Finden Sie eine bessere Kundenansprache und formulieren Sie den Dialog in Partnerarbeit neu.

Verkäufer: „Guten Tag, wie kann ich Ihnen helfen?“

Kunde: „Ich suche ein Fahrrad.“

Verkäufer: ....

....

Kunde: ....

....

Verkäufer: ....

....

590878

Kunde: ....

....

Verkäufer: ....

....

Kunde: ....

....

Verkäufer: ....

....

Kunde: ....

....

2. Unterscheiden Sie geschlossene und offene Fragen und geben Sie jeweils drei Beispiele an.

	Geschlossene Fragen	Offene Fragen
Unterscheidung		
Beispiele		

3. Erläutern Sie die Ihnen bekannten Frageformen zu einem Erfolg versprechenden Kundengespräch mit je einem Beispiel.

....

....

....

....

....

4. Üben Sie in Partnerarbeit die Bedarfsermittlung beim Kunden. Nutzen Sie die in der Tabelle auf der folgenden Seite dargestellten Beispiele.

a) Spielen Sie in wechselnden Rollen die Ermittlung des Kundenwunsches.

b) Protokollieren Sie Ihr Gespräch bzw. zeichnen Sie es auf und kontrollieren Sie, ob Ihre Fragen zielführend und offen gestellt wurden.

Situation
Erarbeitung
Zusatz
Forder

Beispiel	Fragen zur Ermittlung des Kundenwunsches	Frage zielführend?	Frage offen?
Eine ältere Dame sucht eine Stehlampe, damit sie ihre Näharbeiten besser sehen kann.			
Eine Dame mittleren Alters wünscht eine Tischdecke.			
Ein Teenager möchte eine Röhrenjeans kaufen.			
Ein Jugendlicher verlangt einen Kapuzen-Sweater/ Hoodie.			
Ein älterer Herr möchte sich über Blu-Ray-Player informieren.			
Eine 20-Jährige möchte Zierfische kaufen.			
Eine Hausfrau fragt nach Likör.			
Ein 30-Jähriger interessiert sich für einen Personal Computer.			

c) Sammeln Sie im Austausch mit Ihren Mitschülern Alternativ- und Verbesserungsvorschläge.

Zusatzaufgaben

1. Mit welchen Ausgangssituationen können Sie bei der Bedarfsermittlung konfrontiert werden?

.....

.....

.....

.....

2. Die Art der Fragestellung ist in der Phase der Bedarfsermittlung von besonderer Bedeutung. Nennen Sie die Ansprüche, die an eine Frage gestellt werden.

.....

.....

.....

3. Erläutern Sie drei Funktionen der Fragen bei der Bedarfsermittlung.

Funktion	Erklärung

4. Im Rahmen der Bedarfsermittlung wird von W-Fragen gesprochen.

a) Erläutern Sie, was W-Fragen sind.

.....

.....

b) Nennen und erläutern Sie das Gegenteil von W-Fragen.

.....

c) Erklären und begründen Sie, wann W-Fragen zu empfehlen sind.

.....

.....

.....

.....

5. Lena Sievers hat gerade gemeinsam mit einer Kundin einen Rock ausgesucht, den diese kaufen möchte. Nun vermutet Lena, dass die Kundin Interesse an weiteren Angeboten hat und überlegt, wie sie fragen sollte.

a) In der Tabelle auf der folgenden Seite sind Merkmale verschiedener Arten von Fragen genannt. Nennen Sie die jeweiligen Fragearten, die durch diese Merkmale beschrieben werden.

b) Formulieren Sie für jede Art eine Frage, die Lena in der beschriebenen Situation stellen könnte.

Situation
Erarbeitung
Zusatz
Forder

	zu a) Art der Frage	Merkmal	zu b) Formulierung für Lena
I.		nimmt die Antwort schon vorweg, lässt dem Kunden kaum eine Wahl	
II.		verbirgt eigentlich eine Aussage, verlangen keine Antwort	
III.		stellt den Kunde vor eine Entscheidung, er kann kaum „Nein" sagen	
IV.		beginnt oft mit W-Wort, z. B. weshalb, was, wozu	
V.		kann nur mit „Ja" oder „Nein" beantwortet werden	

c) Begründen Sie, welche Frage(n) Lena nicht stellen sollte.

....

....

2.4.3 Verkaufsgespräch – Warenvorlage

Erarbeitungsaufgaben

1. Erläutern Sie, welche Anforderungen an das Verkaufspersonal bei der Warenvorlage gestellt werden.

....

....

....

2. „Das beste Argument ist die Ware selbst."

a) Begründen Sie, ob es einen optimalen Zeitpunkt zur Vorlage der Ware gibt.

....

....

....

b) Erläutern Sie, was eine indirekte Bedarfsermittlung mit dem Zeitpunkt der Warenvorlage zu tun hat.

....

....

c) Erläutern Sie die Besonderheit der Warenvorlage bei einer direkten Bedarfsermittlung.

....

....

Situation
Erarbeitung
Zusatz
Forder

3. Erläutern und begründen Sie, ob es notwendig ist, dass der Verkäufer das Produkt selbst besitzt.

....

....

....

4. Zu beachten ist auch der Umfang der Warenvorlage.

a) Erläutern Sie, wie viele Waren dem Kunden vorgelegt werden sollten.

....

....

....

b) Beschreiben Sie, wie das Verkaufspersonal mit Waren, die der Kunde schon abgelehnt hat, umgehen sollte.

....

....

....

5. Erläutern Sie, welche Preislage Sie dem Kunden nach der Bedarfsermittlung vorlegen.

....

....

....

....

....

6. Je mehr Sinne angesprochen werden, umso mehr wird sich der Kunde für die Ware interessieren.

a) Nennen Sie die fünf Sinne des Menschen.

b) Beschreiben Sie für Waren aus dem Sortiment Ihres Ausbildungsbetriebs, wie die einzelnen Sinne bei der Präsentation der Ware angesprochen werden können.

zu a) Sinne des Menschen	zu b) Ansprache bei der Warenpräsentation

7. Planen Sie die Vorlage einer Ware mithilfe eines Artikels aus dem Sortiment Ihres Ausbildungsbetriebs.

a) Wählen Sie einen Artikel aus und beschreiben Sie seine Eigenschaften.

....

Situation
Erarbeitung
Zusatz
Forder

b) Formulieren Sie Vorteile.

....

....

c) Führen Sie anhand Ihrer Aufzeichnungen ein Verkaufsgespräch innerhalb einer Gruppe.

d) Reflektieren Sie das Gespräch und vermerken Sie entsprechende Verbesserungsmöglichkeiten.

....

....

Zusatzaufgaben

1. Ergänzen Sie den folgenden Lückentext zur Warenvorlage.

Legen Sie dem Kunden nicht ...., aber auch nicht .... Waren vor. Erfahrende Verkäufer empfehlen, ... vorzulegen. Ware, die der Kunde schon .... hat, sollten Sie umgehend wieder .... Auf diese Weise behalten der Kunde und Sie einen guten .... Gehen Sie immer .... mit der Ware um. Damit zeigen Sie Ihre .... gegenüber ...., aber auch gegenüber .... Es ist immer von Vorteil, die Sinnesorgane des Kunden anzusprechen. Geben Sie dem Kunden die Ware also möglichst bald in die Hand. Soweit möglich, lassen Sie den Kunden die Ware .... oder .... Zeigen Sie ihm die verschiedenen Verwendungsmöglichkeiten der Ware.

2. Geben Sie anhand der einzelnen Merkmale einer Warenvorlage Lena und Leon Hinweise, wie sie bei dem Vorführen der Ware vorgehen und was sie beachten sollten.

Beispiel	**a)** Lena Sievers wird im Modehaus Müller von einer Kundin gefragt: „Meine Kollegin hat so von ihrem neuen Kaschmirpullover geschwärmt, so weich und schön zu tragen. Ich weiß ja, dass die sehr teuer sind… Aber vielleicht haben Sie ja ein Sonderangebot?“	**b)** Ein Kunde sagt zu Leon Schmidt, Auszubildender in der Trendino Computer-Shop GmbH: „Letzte Woche habe ich in einer Zeitschrift über die neueste Generation von Fernsehern gelesen. Eigentlich habe ich mir ja gerade einen gekauft, aber was die jetzt schon wieder alles können! Was haben Sie denn so im Angebot?“
Zeitpunkt		
Ort		
Umfang		
Preislage		
Vorführung		

2.4.4 Verkaufsgespräch - Argumentation

Erarbeitungsaufgaben

1. „Die zentrale Rolle bei der Argumentation spielt die Ware."

a) Entscheiden Sie, ob Sie dieser Aussage zustimmen und begründen Sie Ihre Entscheidung.

....

....

....

....

b) Inwiefern sind die Warenmerkmale und Wareneigenschaften in die Argumentation einzubeziehen? Geben Sie entsprechende Beispiele zu Waren aus Ihrem Ausbildungsbetrieb.

....

....

....

c) Ergänzen Sie die Tipps zu Warenvorlage und Argumentation, indem Sie die folgenden Wörter richtig einsetzen.

Fragetechniken/Nutzen/Problem/Signale/Vorführen/Warenkenntnisse

I. gute .... besitzen

II. Eigenschaften durch .... der Ware herausstellen

III. Warenmerkmale als .... formulieren

IV. .... beherrschen

V. auf .... des Kunden achten

VI. dem Kunden Verkaufsargumente anbieten und sein .... lösen

d) Die beschriebene Argumentationskette wird häufig zum „Dreischritt der Argumentation" reduziert. Dann bleiben die folgenden Schritte übrig: Ware, Wareneigenschaft, Kundennutzen. Entscheiden Sie, ob die folgenden Wörter die Ware, die Wareneigenschaft oder den Kundennutzen beschreiben.

Beschreibungen	Ware	Waren-eigenschaft	Kunden-nutzen
auch in Bus oder Bahn gut zu transportieren			
bei jedem Wetter unterwegs			
Fahrrad aus Aluminium			
rostet nicht			
sehr leicht			
sehr schnell			

e) Entwickeln Sie eine Argumentation für das Fahrrad nach dem Dreischritt der Argumentation. Nutzen Sie die unter d) gegebenen Wörter. Schreiben Sie vollständige Sätze.

Dreischritt der Argumentation	Erläuterung
1. Ware	

Fortsetzung siehe folgende Seite

Situation
Erarbeitung
Zusatz
Forder

Dreischritt der Argumentation	Erläuterung
2. Wareneigenschaft	
3. Kundennutzen	

2. Erläutern Sie den Einfluss Ihrer Warenkompetenz auf den Verlauf des Verkaufsgesprächs sowie langfristig auf die Kundenbindung.

....

....

3. Erläutern Sie, was ein Verkäufer bei der Verkaufsargumentation in Bezug auf seine Sprache beachten sollte.

....

....

....

4. Erläutern Sie, wie Sie emotionale Kaufmotive entdecken und ansprechen können.

....

....

....

....

5. Unterschiedliche Kunden haben unterschiedliche Ansprüche.

a) Nennen Sie Wareneigenschaften, auf die Kunden oft Wert legen.

....

b) Ordnen Sie den in der Tabelle beschriebenen Kunden mögliche Ansprüche zu und beschreiben Sie Ihre Argumentation für die jeweils passende Jacke. Schreiben Sie vollständige Sätze. Gehen Sie bei jeder Argumentation auf die Wareneigenschaften und auf den Kundennutzen ein.

Kundin/Kunde	Kundenanspruch	Argumentation
Nina, 28 Jahre, sportlicher Typ, sucht eine Outdoorjacke		
Stephan, 35 Jahre, extravaganter Typ, sucht eine Jacke für den Herbst		
Matthias, 45 Jahre, sparsamer Typ, sucht eine Jacke für die kalte Jahreszeit		

Zusatzaufgaben

1. Nennen und beschreiben Sie die zwei grundsätzlich zu unterscheidenden Arten der Argumentation im Verkaufsgespräch.

2. Es gibt rationale und emotionale Kaufmotive.

a) Erläutern Sie den Unterschied zwischen rationalen und emotionalen Kaufmotiven.

....

....

b) Entscheiden Sie, welche der folgenden Kaufmotive eher rational **R** und welche eher emotional **E** sind.

I. Arbeit erleichtern ☐
II. Geld sparen ☐
III. Sammeltrieb ☐
IV. Wunsch nach Geltung und Anerkennung ☐
V. Zeit sparen ☐

c) Begründen Sie, ob einem Kauf gleichzeitig rationale und emotionale Motive zugrunde liegen können.

....

....

....

3. Wählen Sie drei Waren aus dem Sortiment Ihres Ausbildungsbetriebs und beschreiben Sie eine warenbezogene Argumentation. Gehen Sie dabei ausdrücklich auf die Wareneigenschaften und den Kundennutzen ein. Schreiben Sie vollständige Sätze.

Ware	Wareneigenschaften	Kundennutzen

Situation
Erarbeitung
Zusatz
Forder

2.4.5 Verkaufsgespräch – Preisnennung

Erarbeitungsaufgaben

1. Oft ist im Zusammenhang mit Preisen der Waren von „Preiswürdigkeit" die Rede.

a) Erläutern Sie, was unter Preiswürdigkeit zu verstehen ist.

....

....

b) Erläutern Sie, welche Argumente Kunden einen relativ hohen Preis akzeptieren lassen.

....

....

....

c) Begründen Sie, ob es auch schwierig sein kann, eine Ware zu einem sehr niedrigen Preis zu verkaufen.

....

....

2. In der Tabelle sind verschiedene Methoden der Preisnennung erklärt.

a) Geben Sie die Methoden der Preisnennung an, die Ihnen bekannt sind.

....

....

b) Ordnen Sie die genannten Methoden den zutreffenden Erklärungen zu. Ergänzen Sie gegebenenfalls die unter a) nicht genannten Methoden.

c) Entscheiden Sie für die einzelnen Methoden, zu welchem Zeitpunkt im Verkaufsgespräch sie angewendet werden sollten (siehe Spalten 3 und 4 der Tabelle).

Erklärung	Methode	Preis wird das erste Mal genannt	Preis erscheint dem Kunden zu hoch
Es wird erklärt, welche Dienstleistungen oder Waren im Gesamtpreis enthalten sind und wie viel sie jeweils nur kosten.			
Es wird ein teureres Produkt und sein Preis vorgestellt. Der Preis des ersten Produkts erscheint nun nicht mehr so hoch.			
Es wird der Preis genannt. Gleich darauf werden die Vorteile der Ware (noch einmal) genannt.			
Es werden zwei Vorteile der Ware genannt. Dazwischen wird der Preis genannt.			
Preis wird erst dann genannt, wenn Kunde gezeigt hat, dass er sich sehr für die Ware interessiert			
Der Preis wird auf kleinere Zeiträume oder Mengen bezogen bzw. „heruntergerechnet".			

590888

3. Die folgenden Aussagen wurden nach den oben genannten Methoden der Preisnennung formuliert. Notieren Sie zu jeder Aussage, nach welcher Methode sie formuliert wurde.

a) „Der Leasingvertrag für diesen Wagen läuft über drei Jahre. Sie können also für 2,50 € pro Tag einen Neuwagen fahren."

....

b) „Der Preis für das Kochtöpfeset ‚Berillo' für 149,00 € erscheint im Verhältnis zum Setpreis ‚Woller' von 189,00 € geringer. Aber leider können Sie ‚Berillo' nicht auf Induktionsherden nutzen, daher fällt der Preisunterschied nicht ins Gewicht."

....

c) „Dieses Funktionsshirt für 23,95 € erfüllt Ihre Ansprüche an schnellen Feuchtigkeitstransport weg vom Körper. Das Shirt für 15,00 € hat diese Eigenschaft nicht.

....

4. Finden Sie eine bessere Formulierung für die folgenden Preisnennungen.

a) „Diese im Moment sehr modische Bluse ist leider etwas teurer, aber aus reiner Seide. Sie kostet 150,00 €."

....

....

b) „Dieser Fernseher kostet allerdings fast 3000,00 €. Er wurde gerade auf der Funkausstellung vorgestellt. Er ist hochmodern und hat viele neue Funktionen."

....

....

....

c) „Das ist noch nicht der deutsche Spargel. Er schmeckt aber trotzdem hervorragend. 9,00 € das Kilo."

....

5. Formulieren Sie für Waren Ihrer Wahl geschickte Preisnennungen. Nutzen Sie dabei drei unterschiedliche Methoden der Preisnennung.

Methode der Preisnennung	Formulierung

Situation
Erarbeitung
Zusatz
Forder

6. Führen Sie in Partnerarbeit ein Preisgespräch als Rollenspiel durch. Nutzen Sie folgende Ausgangssituationen:

a) Die Verkäuferin bietet ein Produkt mit einem scheinbar sehr hohen Preis an.

b) Der Verkäufer bietet auch Artikel zum Sonderpreis an.

c) Der Kunde beginnt mit der Frage: „Wie viel kostet dieses Stück?“

Führen Sie Ihrer Klasse eines der Rollenspiele vor und lassen Sie sich Feedback geben.

Zusatzaufgaben

1. Beim Einkaufsbummel mit ihrer Mutter hört Lena Sievers das folgende Verkaufsgespräch:

Kundin:	Wie viel kostet dieser Teppich?
Verkäufer:	Das ist Handarbeit. Er kostet allerdings 4 995,00 €.
Kundin:	Hm, und der hier vorn?
Verkäufer:	Der ist auch recht teuer. Warten Sie …, ah ja, 4 500,00 €! Das ist ein echter Perser!
Kundin:	Ach so. Und dieser schöne flauschige Teppich?
Verkäufer:	Der ist aus unserem aktuellen Aktionsangebot. Kostet aber auch 3 800,00 €.

a) Lena überlegt, dass sie in der Berufsschule schon gelernt hat, was man bei der Preisnennung beachten sollte. Formulieren Sie drei grundsätzliche Hinweise zur Preisnennung.

....

....

....

b) Erläutern Sie, warum die Antworten des Verkäufers im Gespräch oben eher nicht verkaufsfördernd sind.

....

c) Nennen Sie die Wörter, die der Verkäufer bei der Preisnennung vermeiden sollte.

....

d) Formulieren Sie das Verkaufsgespräch neu.

Kundin: Wie viel kostet dieser Teppich?

Verkäufer: ....

....

Kundin: ....

....

Verkäufer: ....

....

Kundin: ....

....

Verkäufer: ....

....

2. Trainieren Sie die Methoden, Preise zu nennen und Preise zu relativieren, anhand von Waren Ihres Ausbildungsbetriebs. Tragen Sie in die erste Spalte der Tabelle die zu verkaufende Ware, in die zweite Spalte die Methode und in die dritte Spalte Ihre wörtliche Formulierung ein. Schreiben Sie vollständige Sätze.

Ware	Methode	Formulierung für Preisnennung

2.4.2–2.4.5 Verkaufsgespräch, Bedarfsermittlung bis Preisnennung

Forderaufgaben

1. In den verschiedenen Phasen des Verkaufsgesprächs könnte es passieren, dass das Verhalten des Kunden Sie sprachlos macht und Sie nicht wissen, wie Sie als gute Verkäuferin bzw. als guter Verkäufer reagieren sollten.
   a) Überlegen Sie sich für jede der genannten Phasen des Verkaufsgesprächs einen Vorfall, der jeden professionellen Verkäufer auf eine schwere Probe stellen würde.
   b) Überlegen Sie, wie Sie auf einen derartigen Vorfall reagieren sollten.

Fortsetzung siehe folgende Seite

Situation
Erarbeitung
Zusatz
Forder

Phase des Verkaufsgesprächs	zu a) Vorfall	zu b) Reaktion
Begrüßung		
Bedarfsermittlung		
Vorlage der Ware		
Argumentation		
Preisnennung		

2. Menschen, die immer die gleichen Redewendungen verwenden, wirken langweilig und nicht natürlich. Notieren Sie für jede genannte Phase des Verkaufsgesprächs drei Formulierungen, die Ihnen in Ihrer täglichen Arbeit hilfreich sein könnten.

Phase des Verkaufsgesprächs	Hilfreiche Redewendungen
Begrüßung	
Bedarfsermittlung	
Vorlage der Ware	
Argumentation	
Preisnennung	

590892

2.4.6 Verkaufsgespräch - Einwandbehandlung

Erarbeitungsaufgaben

1. „Ach, ich weiß nicht …"

a) Erläutern Sie, worauf sich Kundeneinwände beziehen können.

....

b) Erklären Sie die positive Seite an Kundeneinwänden.

....

....

c) Erläutern Sie, ob es Einwände gibt, die sich nicht entkräften lassen.

....

....

d) Beschreiben Sie, wie Sie auf diese Einwände reagieren.

....

....

2. Nennen Sie die jeweilige Methode der Beantwortung folgender Kundeneinwände.

Beispiel	Methode der Einwandbehandlung
a) Kunde: „Der Schlafanzug hat hier ja ein kleines Loch." – Verkäufer: „Deshalb haben wir ihn reduziert. Mit Nadel und Faden lässt sich der Fehler aber leicht beheben."	
b) Kundin: „So viel wollte ich für das Abendkleid gar nicht ausgeben." – Verkäufer: „Sie haben recht, der Preis ist nicht günstig. Das Kleid ist allerdings aus der aktuellen Kollektion und mit vielen kleinen Perlen bestickt."	
c) Kunde: „Der Akku ist aber teuer." – Verkäufer: „Im Vergleich mit anderen preiswerteren Modellen sind diese besonders leistungsstark und zeichnen sich durch eine lange Betriebsdauer aus."	
d) Kunde: „Diese Farbe des Altpapiers gefällt mir für meine Ausdrucke nicht."– Verkäufer: „Welche Papierfarbe bevorzugen Sie denn?"	
e) Kunde: „Das ist ja ein Auslaufmodell!" – Verkäufer: „Das ist richtig, bald wird es ein neues Modell geben. Ich habe Ihnen bewusst dieses Gerät angeboten, da es sich um ein bewährtes Gerät ohne ‚Kinderkrankheiten' handelt und im Vergleich zum Nachfolgemodell 150,00 € weniger kostet."	

3. Finden Sie passende Antwortformulierungen für die folgenden Kundeneinwände.

Kundeneinwand	Antwort
a) „Dieser weiße Rock ist aber bestimmt sehr empfindlich." (Der Rock ist maschinenwaschbar und leicht zu bügeln.)	

Fortsetzung siehe folgende Seite

Situation
Erarbeitung
Zusatz
Forder

Kundeneinwand	Antwort
b) „Meine großen Fenster sind mit einem Lappen nicht zu putzen.“ (Fensterputzer mit Drehgelenk und ausziehbarem Stiel)	
c) „Die Qualität ist nicht das, was ich erwartet habe.“ (Es ist unklar, was der Kunde mit Qualität meint.)	
d) „Dieser Pullover kann ja aber nur bis 30°C gewaschen werden.“ (Pullover ist mit Steinchen besetzt und entspricht so der aktuellen Mode.)	

4. Trainieren Sie Ihre Reaktion auf Einwände von Kunden.

a) Nennen Sie drei mögliche Einwände zu Waren aus Ihrem Ausbildungsbetrieb und beschreiben Sie Ihre Reaktion.

Einwand	Reaktion

b) Üben Sie nun in der gesamten Klasse:
- Sie formulieren Einwände für Waren Ihrer Wahl.
- Ein/-e Mitschüler/-in entkräftet diesen Einwand.
- Ein/-e weitere/-r Mitschüler/-in sagt, nach welcher Methode der Einwand entkräftet wurde.
- Dann nennt der/die nächste Schüler/-in einen Einwand …

590894

Zusatzaufgaben

1. Ergänzen Sie den Text zur Einwandbehandlung.

Hat der Kunde einen Einwand, sollte der Verkäufer .... zuhören. Er sollte .... zeigen und seine Gegenargumente .... formulieren. Der Kunde sollte auf keinen Fall .... werden. Geschickt ist es, Gegenargumente .... zu formulieren. Es gibt Fälle, in denen der Verkäufer nicht weiter argumentieren, sondern .... vorstellen sollte.

2. Nennen und beschreiben Sie Methoden der Einwandbehandlung.

Methode	Beschreibung

3. Üben Sie Ihre Fähigkeit, auf Einwände von Kunden zu reagieren.

a) Formulieren Sie Ihre Antwort auf die in der Tabelle genannten Einwände. Schreiben Sie vollständige Sätze. Geben Sie jeweils die Methode an, nach der Sie Ihre Reaktion formulieren.

Einwand	Methode	Reaktion
„Besonders stabil sieht dieser Gartenstuhl aber nicht aus." (Der zierliche Stuhl ist ein Modell aus der Serie Garten-Romantik)		
Der Schrank hat ja an der Seite einen Kratzer! (Schrank ist im Sonderangebot, Kunde spart 50,00 €)		

Situation
Erarbeitung
Zusatz
Forder

b) Ergänzen Sie zwei Methoden, nach denen Sie noch nicht argumentiert haben. Nennen Sie zu jeder Methode einen Einwand, der Ihnen aus Ihrem Ausbildungsbetrieb bekannt ist und formulieren Sie Ihre Reaktion auf diesen Einwand.

Einwand	Methode	Reaktion

2.4.7 Verkaufsgespräch – Alternativen anbieten

Erarbeitungsaufgaben

1. Listen Sie auf, welche Markennamen mit Produktbezeichnungen aus dem Sortiment Ihres Ausbildungsbetriebs verwechselt werden können.

Markennamen	Produktbezeichnungen

2. Nennen Sie Artikel, die das Verkaufspersonal anbieten sollte, wenn eine Kundin nach den genannten Waren verlangt, diese aber nicht vorrätig sind.

Artikel	Alternative
a) Raclettekäse	
b) Flachbildfernseher, LCD, 42 Zoll	
c) Kaschmirpullover in türkisblau	
d) Bademantel	
e) Bordeaux	
f) Wandfarbe, weiß, von Alpina	
g) Smartphone von Apple	

Situation
Erarbeitung
Zusatz
Forder

3. Formulieren Sie drei Redewendungen, die Sie bei Alternativangeboten vermeiden sollten, in positive Redewendungen um.

zu vermeiden	bessere Formulierung
„Den Staubsauger YX führen wir nicht, ich kann Ihnen höchstens den Staubsauger ZQ zeigen."	
„Ich kann Ihnen leider nur ZQ anbieten."	
„Diesen Artikel haben wir zurzeit nicht vorrätig."	

2.4.8 Verkaufsgespräch – Kaufentscheidung herbeiführen

Erarbeitungsaufgaben

1. Ergänzen Sie den Text zum Herbeiführen einer Kaufentscheidung sinnvoll. Nutzen Sie die Begriffe aus dem Kasten.

aufgefordert/bestärkt/gedrängt/Kaufempfehlungen/Kaufentscheidung/Kaufsignale/Produktvorteile/Suggestivfragen

Um eine .... herbeizuführen, kommt es darauf an,

- die sprachlichen oder körpersprachlichen .... des Kunden zu erkennen,
- die .... zusammenzufassen,
- .... auszusprechen und zu begründen und
- eventuell Fragen, z. B. Alternativfragen oder Kontroll- bzw. ...., zu stellen.

Sind alle Fragen geklärt, kann der Kunde auch direkt zum Kauf .... werden. Der Kunde darf sich aber nicht .... fühlen. Möglich ist auch ein Abschlussverstärker. Damit soll der Kunde in seiner Kaufentscheidung .... werden.

2. Erläutern Sie, woran Sie erkennen, dass der Kunde zum Kauf entschlossen ist bzw. dass er noch nicht zum Kauf bereit ist.

Signale: Kunde ist zum Kauf entschlossen	Signale: Kunde ist noch nicht zum Kauf entschlossen

3. Nennen Sie die drei Faktoren, die zum Kaufabschluss führen.

....

4. Erläutern Sie, wie Sie mit einem Kunden umgehen, der noch zögerlich vor der Ware steht.

....

....

5. Erarbeiten Sie in Partnerarbeit je eine Verkaufssituation, in der ein Kunde zum Kauf bereit bzw. nicht zum Kauf bereit ist.

Kunde ist zum Kauf entschlossen	Kunde ist noch nicht zum Kauf entschlossen

2.4.7–2.4.8 Verkaufsgespräch – Alternativen anbieten/ Kaufentscheidung herbeiführen

Zusatzaufgaben

1. Geben Sie an, in welchen Fällen Sie als Verkäufer/-in einem Kunden ein Alternativangebot unterbreiten.

Ein Kunde	Ja	Nein
… möchte ein Fernsehgerät kaufen, das Sie aus dem Lager holen müssen.		
… fragt nach einem bestimmten Küchenmesser, das Sie nicht im Sortiment führen.		
… erkundigt sich nach einem Markenschuh, den Sie erst bestellen müssen.		
… will sich einen neuen Rasierapparat kaufen, weil sein alter defekt ist.		
… fragt nach einer Skijacke aus der Werbung, die bereits ausverkauft ist.		

2. „Alternativen gibt es bei mir nicht. Entweder der Kunde vertraut darauf, dass ich ihm das Beste zeige oder er kann direkt wieder gehen."

Erläutern Sie, wie Sie zu dieser Verkäuferaussage stehen und begründen Sie Ihre Entscheidung.

....

....

....

3. Beschreiben Sie anhand eines Beispiels, was man unter einem Abschlussverstärker versteht und wann er zum Einsatz kommen sollte.

....

....

....

4. Beurteilen Sie, ob die nachfolgenden Aussagen zur Herbeiführung einer Kaufentscheidung richtig **R** oder falsch **F** sind.

a) Der Verkäufer sollte den unschlüssigen Kunden mit der Ware allein lassen und ihm so die Gelegenheit geben, eine Entscheidung zu treffen. ☐

b) Die Darstellung von vorteilhaften Alternativen erleichtert dem Kunden die Auswahl für einen Artikel. ☐

c) Ein Kunde, der ohne Kaufabschluss das Geschäft verlässt, sollte vom Verkaufspersonal nicht weiter beachtet werden. ☐

d) Durch die Zusammenfasssung der Vorteile kann der Kunde die Warenvorzüge realisieren. ☐

e) Abschlussverstärker sorgen für einen positiven Eindruck beim Kunden. ☐

f) Das Verkaufspersonal sollte keine Kaufempfehlungen aussprechen, damit der Kunde nicht das Gefühl hat, das ihm die Ware aufgedrängt wird. ☐

5. Eine Kundin möchte einen Pullover kaufen. Sie hat zwei Modelle in die engere Auswahl gezogen, ist sich aber noch unsicher. Formulieren Sie auf Basis der verschiedenen Abschlusstechniken konkrete Sätze, mit denen Sie eine Entscheidung herbeiführen können.

Abschlusstechnik	Formulierung
Alternativfragen stellen	
Wichtige Vorteile zusammenfassen	
Kontroll- bzw. Suggestivfragen stellen	
Empfehlung mit Begründung	
Direkte Kaufaufforderung	

6. „Aber Sie sagten doch eben, dass dieses Produkt viel besser zu mir passen würde. Jetzt haben Sie mich verwirrt.“

Beschreiben Sie, welche Taktik hinter dieser Kundenaussage stecken könnte und wie Sie als Verkäufer/-in damit umgehen.

....

....

....

....

....

....

Situation
Erarbeitung
Zusatz
Forder

2.4.9 Verkaufsgespräch – Ergänzungs- und Zusatzangebote

Erarbeitungsaufgaben

1. Erläutern Sie die Begriffe Ergänzungsangebot und Zusatzangebot und bilden Sie ein Beispiel.

....

....

....

....

....

....

2. Entscheiden Sie, welche der vorgestellten Zusatzangebote notwendige **n** und welche sinnvolle **s** Ergänzungen des Hauptkaufs sind.

Hauptkauf	Ergänzungen **n** = notwendig, **s** = sinnvoll, nicht unbedingt notwendig
a) Kleid	Unterkleid ☐, Strumpfhose ☐, Bolero ☐, Tuch ☐, Kette ☐, Ohrringe ☐
b) Benzinrasenmäher	Grasfangkorb ☐, Schneideblatt ☐, Benzin ☐
c) Füllhalter	Patronen ☐, Tintenfass ☐, Ersatzfeder ☐, Etui ☐
d) Kamin	Holz ☐, Briketts ☐, Anzünder ☐, Kaminbesteck ☐
e) Zeitplaner	Tageskalender ☐, Druckbleistift ☐, Jahresübersicht ☐, Notizzettel ☐, Einsteckfächer ☐
f) Schuhe	Schuhspanner ☐, Imprägnierspray ☐, Pflegemittel ☐, Einlegesohlen ☐, Socken ☐
g) Käseraspel	austauschbare Einsätze ☐, Auffanggefäß ☐, Vorratsdose ☐

3. Schreiben Sie zu jeder Ware drei Ergänzungen auf. Erklären Sie, wie Ihre Zusatzangebote den Nutzen der Waren erweitern.

Ware	Ergänzungen	Nutzen
a) Monitor		
b) Kugelschreiber		

Situation
Erarbeitung
Zusatz
Forder

Ware	Ergänzungen	Nutzen
c) Teeservice		
d) Besteck		
e) Bauleiter		
f) Bilderrahmen		

2.4.10 Verkaufsgespräch – Bekräftigung der Kaufentscheidung und Verabschiedung

Erarbeitungsaufgaben

1. Formulieren Sie Hilfsangebote, die Sie in Ihrem Ausbildungsbetrieb dem Kunden nach seiner Kaufentscheidung präsentieren können.

....

....

....

2. Beim Kaufabschluss werden die Serviceleistungen des Betriebs abermals herausgestellt. Nennen Sie die Serviceleistungen, die Ihr Betrieb anbietet.

....

3. Der Kunde soll mit einem positiven Gefühl das Geschäft verlassen. Beschreiben Sie Ihre Vorgehensweise.

....

....

....

4. Ein Kunde ist von Ihnen beraten worden. Er hat sich für die Ware entschieden, möchte sich aber gerne noch weiterhin im Geschäft umschauen, bevor er zur Kasse geht. Beschreiben Sie Ihre Reaktion.

....

....

Situation
Erarbeitung
Zusatz
Forder

5. Formulieren Sie kleine Informationen zu fünf Waren aus Ihrem Ausbildungssortiment, die Sie den Kunden auf dem Weg zur Kasse noch mitteilen können.

Ware	Information

2.4.9–2.4.10 Verkaufsgespräch – Ergänzungs- und Zusatzangebote/Verabschiedung

Zusatzaufgaben

1. Erläutern Sie den Unterschied zwischen Ergänzungsangeboten und Zusatzangeboten.

2. Erläutern Sie, wie eine Verabschiedung formuliert sein kann.

3. Formulieren Sie zwei Verabschiedungen entsprechend der Verkaufsform in Ihrem Ausbildungsbetrieb.

4. Beschreiben Sie die Verabschiedung des Kunden.

5908102

5. Schreiben Sie zu jeder Ware drei Ergänzungen auf. Erklären Sie, wie Ihre Zusatzangebote den Nutzen der Waren erweitern.

Ware	Ergänzungen	Nutzen
a) MP3-Player		
b) Fön		
c) Auto		
d) Erdbeeren		

2.4.6–2.4.10 Verkaufsgespräch, Einwandbehandlung bis Verabschiedung

Forderaufgaben

1. „Ich möchte für mein Geld auch etwas erleben!" Erläutern Sie, wie Sie Ihr Verkaufsgespräch gestalten, wenn Sie diesen Satz bei einem Kunden hören.

2. „Ein Verkäufer ohne Fachwissen besticht durch seine Freundlichkeit – heutzutage muss man nichts mehr wissen, da der Kunde ja alles mit seinem Smartphone im Internet nachlesen kann!" Erörtern Sie diese These.

3. Sie haben alle Phasen des Verkaufsgesprächs kennengelernt. Erläutern Sie, warum es sinnvoll ist, die vorgeschlagene Reihenfolge der Phasen einzuhalten.

Situation
Erarbeitung
Zusatz
Forder

3 Kunden im Servicebereich Kasse betreuen

Lernsituation: Abschluss und Erfüllung eines Kaufvertrags

Situation

Am 26. April 20.. erhält der Welt-Laden ein Schreiben des Autohauses Brosche, in dem um die Zusammenstellung von 25 Präsentkörben gebeten wird (vgl. M 1). Jutta Fröhlich, Inhaberin des Welt-Ladens, meldet sich am 30. April 20.. telefonisch beim Autohaus, um zu bestätigen, dass die Präsentkörbe geliefert werden. Herr Wolfgang Hussong, der Geschäftsführer des Autohauses, ist nicht anwesend. Der Auszubildende Bernd Buck nimmt den Anruf entgegen (vgl. M 2). Er legt seinem Chef eine Notiz auf den Schreibtisch (vgl. M 3). Im Welt-Laden werden regelmäßig Präsentkörbe bestellt. Bei der Zusammenstellung der Körbe können die Kunden zwischen drei unterschiedlichen Mustertypen wählen (vgl. M 5).

Material

Autohaus Brosche KG

Autohaus Brosche KG • Auf der Wick 1 • 99000 Altstadt

Welt-Laden
Jutta Fröhlich e. Kfr.
Elisabeth-Monzel-Str. 68
99000 Altstadt

Auf der Wick 1 • 99000 Altstadt
Telefon: 02290 6623-11
Telefax: 02290 6623-15
Internet: www.autobrosche-wvd.de
E-Mail: info@autobrosche-wvd.de

Öffnungszeiten: Mo. – Fr. 07:30 – 19:15 Uhr
TÜV-Termin: jeden 2. Mittwoch im Monat

Ihr Zeichen, Ihre Nachricht vom	Unser Zeichen, unsere Nachricht vom	Telefon, Name 02290 6623-	Datum
	wh	14 Herr Hussong	23.04.20..

Bestellung 25 Präsentkörbe

Sehr geehrte Frau Fröhlich,

bitte stellen Sie uns 25 Präsentkörbe für unsere Jubiläumsveranstaltung am 23.06.20.. zusammen:

- 20 Körbe benötigen wir als Preise für unsere Spendentombola.
- 5 Körbe sollen etwas aufwendiger gestaltet werden. Sie sollen als Präsente an Gäste überreicht werden.

Bei der Gestaltung der Körbe haben Sie freie Hand. Wir waren mit den Körben, die Sie uns im letzten Jahr geliefert haben, überaus zufrieden und gehen davon aus, dass sich die Preise wieder im selben Rahmen (ca. 23,50 € netto pro Korb) bewegen werden.

Mit freundlichen Grüßen

Autohaus Brosche KG

W. Hussong
Wolfgang Hussong
Geschäftsführer

Geschäftsführer:
Wolfgang Hussong, Thomas Kipper
Amtsgericht Altstadt HRB 55791
USt-IdNr.: DE100519612

Bankverbindung Sparkasse Altstadt
BIC: NOSPAA33
IBAM: DE55 2235 2006 0013 2456 45

M 1 Schreiben des Autohauses Brosche

Bernd Buck:	*„Autohaus Brosche. Sie sprechen mit Bernd Buck. Was kann ich für Sie tun?"*
Jutta Fröhlich:	*„Guten Tag, Jutta Fröhlich vom Welt-Laden Altstadt. Ist Herr Hussong zu sprechen?"*
Bernd Buck:	*„Nein, der ist kurz außer Haus. Kann ich Ihnen weiterhelfen?"*
Jutta Fröhlich:	*„Ich weiß nicht. Ist denn Herr Kipper da?"*
Bernd Buck:	*„Nein, tut mir leid, der hat Urlaub."*
Jutta Fröhlich:	*„Nun, Herr Hussong hat uns angeschrieben, dass er für Ihre Jubiläumsveranstaltung im Juli 25 Präsentkörbe benötigt. Ich wollte ihm mitteilen, dass wir den Auftrag annehmen. Es gibt aber noch einige Details zu klären. Bitte richten Sie Ihrem Chef aus, dass er mich zurückrufen soll, damit wir die Zusammenstellung der Körbe nochmal im Einzelnen durchsprechen können."*
Bernd Buck:	*„Ja, gern. Ich sage ihm Bescheid oder lege ihm einen Zettel hin, dass Sie angerufen haben."*
Jutta Fröhlich:	*„Bitte notieren Sie noch meine Telefonnummer, sie lautet 022 90 9987."*
Bernd Buck:	*„Ist gut, habe ich notiert."*
Jutta Fröhlich	*„Danke schön. Auf Wiederhören."*
Bernd Buck:	*„Auf Wiederhören."*

M2 Telefongespräch Welt-Laden – Autohaus

Hallo Chef!

Jemand vom Welt-Laden hat angerufen. Sie will mit Ihnen noch sprechen wegen der Präsentkörbe für den Juli. Geht aber alles klar damit. Denken Sie daran, dass ich morgen nach der Berufsschule freimache wegen meines Termins auf dem Amt!

Tschüss Bernd

M3 Notiz für den Chef

Firma	Fair-Handelszentrum
Bearbeiter	Frau Falk
Straße	Guido-Reichert-Straße 22
PLZ Ort	66125 Saarbrücken
Telefon	0681 61843
Fax	0681 61845
E-Mail	FHZ-SW@t-online.de
Bank	Sparkasse Saarbrücken
IBAN	DE23 5095 0101 0262 0124 55
BIC	SAKSDE55XXX
Rabatt	15 %
Mindestmenge	–
Fracht	4,50 €
frachtfrei ab	150,00 €
Bemerkungen	Anlieferung Mo./Do. 4 Tage nach Bestellung
Außendienst	Katrin Meiser
Telefon	05177 5699443
Sortiment	Kunst und Handwerk Feinkost

Firma	Gersheimer Fruchtsaftzentrale
Bearbeiter	Frau Schweizer
Straße	Am Schwarzen Stein 8
PLZ Ort	66431 Habkirchen
Telefon	06843 448820
Fax	06843 448822
E-Mail	GersheimFruchtsaft@gmx.de
Bank	Volksbank Blieskastel
IBAN	DE79 5929 1200 1010 8582 00
BIC	GENODE51BLI
Rabatt	30 %
Mindestmenge	50,00 €, 5 Kisten
Fracht	–
frachtfrei ab	–
Bemerkungen	Lieferung 10 Tage nach Bestellung
Außendienst	Herr Scharper
Telefon	01615 843651
Sortiment	alle Getränke alkoholfrei, Brände, Apfelsecco, Liköre u. Ä.

M4 Auszug aus der Lieferantenkartei des Welt-Ladens

Situation
Erarbeitung
Zusatz
Forder

Inhalt	Sorte	Verkaufspreis in €	Standard			Themen		
			Präsentkorb „klein“	Präsentkorb „mittel“	Präsentkorb „groß“	„Senioren“	„Biosphäre klein“	„Biosphäre groß“
Körbe	Klein	0,99	1					
	Mittel	1,11		1		1	1	
	Groß	1,35			1			1
Dekoration	Serviette	0,09	1	1	1	1	1	1
	Schleife	0,12		1	1	1	1	
	Blumen	0,18			1			1
Marmelade	Kirsch	2,12			1	1		1
	Erdbeeren	1,98	1	1	1		1	1
	Schokoaufstrich	2,75						
Schokolade	Mandel	1,29	1	1				
	Nuss-Nougat	1,35			1			
	Marzipan	1,33						
Wurst	Lyoner	2,25			1			1
	Salami	1,85	1	1		1	1	
	Pute	1,65	1		1		1	1
	Leberwurst	1,60		1		1		1
Obst	Glas Kirschen	0,95		1				1
	Äpfel	0,45	1		1	1	1	2
	Weintrauben	0,50		1	1	1		1
Tee	Lemongras	2,85					1	
	Rooibos Vanille	2,45		1		1		
	Rooibos Zimt	2,65	1					
	Rooibos Holunder	2,75			1			
	Bio-Früchte	2,80						1
Getränke alkoholfrei	Holunder	1,68		1				1
	Trauben	1,75	1			1		
	Kirsch	1,63						1
	Apfel	1,35	1			1	1	1
Getränke mit Alkohol	Wein	4,65		1		1	1	1
	Apfelsecco	4,35			1	1		1
	Birnenbrand	4,35						1
	Mirabellenbrand	4,35						
	Schlehenlikör	6,35						1
Öl, Würzmittel u. Ä.	Leinöl	4,55						
	Kürbiskern	4,70				1		1
	Apfel-Essig	2,45						1
	Senf	3,20	1	1			1	
Sonstiges	Gebäck: Tartuffi	3,75		1				
	Honig	3,45			1			
	Eier	1,99	1					1

M5 Packliste des Welt-Ladens für Präsentkörbe

Arbeitsaufträge

1. Prüfung des Vertragsabschlusses

a) Erläutern Sie, welche Absprachen zwischen dem Welt-Laden und dem Autohaus Brosche getroffen wurden.

Absprache	Inhalt
Was soll geliefert werden?	
Wann soll geliefert werden?	
Wie viel soll geliefert werden?	
Zu welchem Preis soll geliefert werden?	

b) Stellen Sie ausführlich dar, welche Risiken Welt-Laden und Autohaus eingehen, wenn es nicht zu einem klärenden Gespräch zwischen beiden kommt.

....

....

....

....

....

....

c) Ein Kaufvertrag ist zustande gekommen, wenn zwei übereinstimmende Willenserklärungen (= Antrag und Annahme) vorliegen. Wird versehentlich eine falsche Willenserklärung abgegeben, ist § 133 BGB zu beachten:

> **§ 133 BGB Auslegung einer Willenserklärung**
>
> Bei der Auslegung einer Willenserklärung ist der wirkliche Wille zu erforschen und nicht an dem buchstäblichen Sinne des Ausdrucks zu haften.

Prüfen und begründen Sie, ob ein Kaufvertrag zustande kommt.

....

....

....

....

....

....

Situation
Erarbeitung
Zusatz
Forder

2. Preisermittlung

a) Prüfen Sie, zu welchem Preis (netto) die einzelnen Körbe angeboten werden können, wenn für das Füllen und Dekorieren 3,50 € je Korb berechnet werden sollen.

Kosten	**Standard**			**Themen**		
	Präsentkorb „klein“	Präsentkorb „mittel“	Präsentkorb „groß“	„Senioren“	„Biosphäre klein“	„Biosphäre groß“
Inhalt lt. Packliste						
Füllen und Dekorieren						
Gesamtpreis (netto)						

b) Machen Sie einen Vorschlag, welche Körbe für die Jubiläumsveranstaltung des Autohauses geliefert werden könnten.

....

....

....

3. Per Telefon haben der Welt-Laden und das Autohaus geklärt, dass der Liefertermin der 23. Juni 20.. und nicht der 23. Juli 20.. ist. Der Welt-Laden möchte dem Autohaus ein Angebot über fünf Körbe „Biosphäre groß“ und 20 Körbe „Biosphäre klein“ unterbreiten. Entwerfen Sie ein Angebot des Welt-Ladens auf dessen Geschäftspapier (siehe Briefbogen Welt-Laden auf S. 109). Das Angebot wird am 04. Mai geschrieben und erhält die Nummer 05-03.

4. Bestellung

a) Der Welt-Laden bestellt Schokolade, Honig und Marmelade immer beim „Fair-Handelszentrum“, Getränke bei der „Gersheimer Fruchtsaftzentrale“. Die Daten der beiden Lieferanten befinden sich in der Lieferantenkartei des Welt-Ladens (vgl. M4). Schreiben Sie Bestellungen (siehe Bestellformulare auf S. 110) des Welt-Ladens an die Lieferanten „Gersheimer Fruchtzentrale“ und „Fair-Handelszentrum“ und beachten Sie die Hinweise von Jutta Fröhlich.

Bei Bestellungen:
- *Angaben in der Lieferantenkartei beachten: Mindestmengen? Lieferzeiten?*
- *Getränke werden immer in Kartons zu je sechs Flaschen bezogen.*
- *Verkaufspreise des Welt-Ladens entsprechen denen unserer Lieferanten. Unsere Umsatzprovision entspricht dem Rabatt, der uns bei Rechnungsstellung gewährt wird.*

b) Erläutern Sie, bis wann Sie die Bestellungen abgeschickt haben müssen. Begründen Sie Ihre Wahl der Versandart für die Bestellungen.

....

....

....

....

Situation
Erarbeitung
Zusatz
Forder

Welt-Laden

Jutta Fröhlich e. Kfr.

Welt-Laden J. Fröhlich e. Kfr. • E.-Monzel-Str. 68 • 99000 Altstadt

Elisabeth-Monzel-Straße 68
99000 Altstadt

Telefon: 02290 9987
Telefax: 02290 9988

E-Mail: welt-laden@froehlich-wvd.de
Internet: www.welt-laden-wvd.de

Ihr Zeichen, Ihre Nachricht vom | Unser Zeichen, unsere Nachricht vom | Datum

Bankverbindung:
Sparkasse Altstadt
BIC: NOSPAA33 • IBAN DE55 2235 2006 2455 8998 99

Inhaberin: Jutta Fröhlich e. Kfr.
Steuer-Nr. 85 997 35124
Sitz und Reg.-Gericht Altstadt
HRA 52691

Angebot Welt-Laden zu Aufgabe 3

Welt-Laden J. Fröhlich e. Kfr. • E.-Monzel-Str. 68 • 99000 Altstadt

Jutta Fröhlich e. Kfr.

Elisabeth-Monzel-Straße 68
99000 Altstadt

Telefon: 02290 9987
Telefax: 02290 9988

E-Mail: welt-laden@froehlich-wvd.de
Internet: www.welt-laden-wvd.de

Ihr Zeichen, Ihre Nachricht vom | Unser Zeichen, unsere Nachricht vom | Datum

Bestellung Gersheimer Fruchtsaftzentrale zu Aufgabe 4 a

Welt-Laden J. Fröhlich e. Kfr. • E.-Monzel-Str. 68 • 99000 Altstadt

Jutta Fröhlich e. Kfr.

Elisabeth-Monzel-Straße 68
99000 Altstadt

Telefon: 02290 9987
Telefax: 02290 9988

E-Mail: welt-laden@froehlich-wvd.de
Internet: www.welt-laden-wvd.de

Ihr Zeichen, Ihre Nachricht vom | Unser Zeichen, unsere Nachricht vom | Datum

Bestellung Fair-Handelszentrum zu Aufgabe 4 a

Situation
Erarbeitung
Zusatz
Forder

5. Neuanlage in der Kundenkartei

a) Nachdem es im vergangenen Jahr versäumt wurde, wird das Autohaus Brosche jetzt in die Kundenkartei des Welt-Ladens aufgenommen. Tragen Sie alle für das Autohaus bekannte Daten in die Kundenkartei ein. Berücksichtigen Sie die beigefügten Angaben im Schlüsselverzeichnis für die Kundenkartei. Der Rabattsatz wird auf 5 % festgelegt, als Zahlungsart wird „Lieferung auf Rechnung“ vorgesehen.

Kundennummer			Kürzel				
Firma						Branche	
Anrede			Leitung				
Straße							
PLZ, Ort							
Telefon			Fax				
E-Mail							
Rabattgruppe		Zahlungsart		Kunde seit		Kundegruppe	
Bemerkung							

Schlüsselverzeichnis „Kunden“

Anrede
Sehr geehrte Frau
Sehr geehrter Herr
Sehr geehrte Damen und Herren

Rabatt
0 – kein Rabatt
1 – 5 %
2 – 7,5 %
3 – 10 %
4 – nach Vereinbarung

Zahlungsart
B – bar/Karte (PIN)
R – Rechnung
L – Lastschrift

Branche
H – Handel
D – Dienstleistungen
B – Behörden
P – Produktion
W – Wiederverkäufer

Kundengruppe
S – Stammkunde (regelmäßig)
G – Großabnehmer
A – Aktionsgruppe

Kundenkartei und Schlüsselverzeichnis des Welt-Ladens

b) Erläutern Sie, welchen Nutzen der Welt-Laden aus der Neuanlage ziehen kann.

....

....

6. Am Morgen des 23. Juni 20.. kommt Carla Hussong, die Ehefrau des Geschäftsführers des Autohauses Brosche, in den Welt-Laden, um die Präsentkörbe abzuholen. Als sie sich im Welt-Laden umschaut, entdeckt sie eine dekorative Bodenvase zum Preis von 77,35 €. Da sie schon lange auf der Suche nach einer solchen Vase für den Verkaufsraum des Autohauses ist, kauft sie die Vase und bezahlt sie bar. Sie bittet dafür um eine Quittung. Stellen Sie die Quittung aus.

Netto	€	ct	
+ % USt	€	ct	
Gesamt	€	ct	

Quittung

Nr.

Gesamtbetrag € in Worten

Cent wie oben

(Im Gesamtbetrag sind ______ % Umsatzsteuer enthalten)

von

für

richtig erhalten zu haben, bestätigt

Ort Datum

Buchungsvermerke	Stempel/Unterschrift des Empfängers

Situation
Erarbeitung
Zusatz
Forder

3.1 Rechtliche Grundlagen beim Kauf

Erarbeitungsaufgaben

1. Nicht nur im Geschäftsleben werden täglich viele Willenserklärungen abgegeben.

a) Erläutern Sie die Bedeutung von Willenserklärungen für den Kaufmann.

....

....

....

....

b) Nennen Sie drei Beispiele für Willenserklärungen.

....

2. Max Ferlinger, Inhaber einer Weingroßhandlung, bietet dem Gastwirt Hans Jänicke 50 Flaschen Wein aus der Lage „Moselhang-Südtraben" zu einem Vorzugspreis von 6,30 € je Flasche an. Jänicke bestellt 50 Flaschen zur Lieferung in vier Wochen. Beide beschließen das Geschäft durch Handschlag.

a) Beschreiben Sie die beiden Willenserklärungen, die Max Ferlinger und Hans Jänicke abgegeben haben.

....

....

b) Nennen Sie die rechtliche Bezeichnung von Willenserklärungen, die zu einem Vertrag führen, und ordnen Sie diese den beiden Personen zu.

....

c) In der Zwischenzeit zerstört ein Frost fast den gesamten Blütenansatz der Reben aus der Lage „Moselhang-Südtraben". Ferlinger teilt deshalb dem Wirt mit, dass er den nun knapper gewordenen Wein mit 7,50 € in Rechnung stellen müsse. Erläutern Sie, ob Ferlinger die Lieferung verweigern kann, wenn Jänicke nicht bereit ist, 7,50 € zu bezahlen.

....

....

d) Erläutern Sie, welche Rechtslage gelten würde, wenn Jänicke den Wein aufgrund einer Zeitungsanzeige bestellt hätte.

....

....

e) Erläutern Sie, warum der Gesetzgeber dem Gastwirt hilft, die Erfüllung seines Vertrags zu erzwingen.

....

....

....

f) Formulieren Sie einen Brief höflich, aber konsequent, in dem Hans Jänicke an Max Ferlinger auf die Rechtslage hinweist.

....

....

....

5908112

3. Entscheiden Sie, ob die folgenden Aussagen richtig **R** oder falsch **F** sind.

Eine Anfrage ist im rechtlichen Sinne

a) eine formfreie Willenserklärung des Verkäufers. ☐

b) eine formfreie Willenserklärung des Käufers. ☐

c) nur in Schriftform eine gültige Willenserklärung des Käufers. ☐

d) keine Willenserklärung. ☐

4. Im Geschäftsleben begegnet man einer Vielzahl von Personen.

a) Erläutern Sie die rechtliche Bedeutung des Begriffs der Person.

b) Beschreiben Sie eine natürliche Person.

c) Nennen Sie Beispiele für juristische Personen.

5. Personen können unterschiedliche Rechte und Pflichten haben.

a) Unterscheiden Sie die Begriffe Rechtsfähigkeit und Geschäftsfähigkeit.

Rechtsfähigkeit	**Geschäftsfähigkeit**

b) Tragen Sie in die freien Felder ein, ob es sich um beschränkte Geschäftsfähigkeit, volle Geschäftsfähigkeit oder Geschäftsunfähigkeit handelt.

c) Erläutern Sie, unter welchen Voraussetzungen Personen, die das 18. Lebensjahr vollendet haben, beschränkt geschäftsfähig oder geschäftsunfähig sein können.

6. Beurteilen Sie, ob in den folgenden Fällen Geschäftsunfähigkeit [1], beschränkte Geschäftsfähigkeit [2] oder volle Geschäftsfähigkeit [3] vorliegt.

a) Sie liegt erst vor, wenn eine Person das 18. Lebensjahr vollendet hat. ☐

b) Sie erlaubt Ratenkäufe. ☐

c) Sie ermöglicht einem Jugendlichen den Abschluss eines Kaufvertrags im Rahmen seines Taschengeldes. ☐

d) Sie hat die Nichtigkeit eines Kaufabschlusses mit einer Person unter 7 Jahren zur Folge. ☐

e) Ein 15-jähriger Schüler will eine Stereoanlage zum Preis von 2 500,00 € in einem Fachgeschäft kaufen. Beantworten Sie die Fragen 7 bis 10 mithilfe der folgenden Übersicht. ☐

Der Kaufvertrag kommt durch (mindestens) zwei übereinstimmende Willenserklärungen zustande.

Diese beiden Willenserklärungen heißen, wie bei jedem anderen Vertrag auch, **Antrag und Annahme**. Im Kaufvertragsrecht, das ein sehr traditionell Betontes ist, haben diese beiden Willenerklärungen auch andere Namen:

Angebot und *Bestellung* (Auftrag) **oder**
Bestellung und *Bestellungsannahme* (Auftragsannahme)

Zustandekommen des Kaufvertrags

Verkäufer und Käufer kennen sich noch nicht.

Verkäufer und Käufer stehen in Geschäftsbeziehungen.

Anfrage ← *rechtlich ohne Bedeutung*

Angebot
Bestellung

Verpflichtungsgeschäft

Bestellung
Bestellungsannahme

Erfüllung des Kaufvertrags

Lieferung der Ware:
ohne Mängel
Übereignung der Ware
Annahme des Kaufpreises

Zahlen des Kaufpreises und Annahme der Waren

Erfüllungsgeschäft (Verfügungsgeschäft)

Annahme der Ware

Zahlen des Kaufpreises

M1 Zustandekommen eines Kaufvertrags

7. Bestimmen Sie, in welchem der folgenden Fälle ein rechtsverbindliches Angebot eines Einzelhändlers vorliegt.

Ein Einzelhändler	rechtsverbindliches Angebot
sendet einem Kunden auf Anfrage einen neuen Katalog mit Preisliste zu.	
lässt im Umkreis seines Geschäfts Postwurfsendungen mit Preisangaben verteilen.	
veröffentlicht in einer Zeitungsanzeige das wöchentliche Sonderangebot.	
stellt Waren mit Preisangaben im Schaufenster aus.	

8. Bestimmen Sie, ob ein Kaufvertrag zustande kommt.

Ein Kaufvertrag kommt zustande durch	Kaufvertrag abgeschlossen
ein freibleibendes Angebot, dem eine Bestellung folgt.	
eine Auftragsbestätigung, die einer Bestellung folgt.	
ein Angebot, das einer Anfrage folgt.	
eine Lieferung infolge einer Bestellung	

9. Erläutern Sie die Pflichten aus dem Kaufvertrag für Verkäufer und Käufer.

....

....

....

10. Erläutern Sie die Unterschiede zwischen Verpflichtungs- und Erfüllungsgeschäft

Verpflichtungsgeschäft	Erfüllungsgeschäft

11. Füllen Sie in der nachfolgenden Übersicht die offenen Felder mit den entsprechenden Überschriften und Erklärungen zur Vertragsfreiheit aus.

Vertragsfreiheit		
freiheit	freiheit	freiheit

12. Prüfen Sie, ob die Schriftform vorgeschrieben ist.

	Schriftform vorgeschrieben
Werkvertrag zur Renovierung der Geschäftsräume	
Berufsausbildungsvertrag zum Kaufmann im Einzelhandel	

Situation
Erarbeitung
Zusatz
Forder

	Schriftform vorgeschrieben
Schenkungsvertrag über 500,00 €	
Kaufvertrag eines hochwertigen Parfums	
Kauf einer Eigentumswohnung	

13. Unterscheiden Sie einseitige und zweiseitige Rechtsgeschäfte und nennen Sie jeweils zwei Beispiele.

Rechtsgeschäft	einseitig	zweiseitig
Erklärung		
Beispiele		

14. Erläutern Sie einseitige empfangsbedürftige Rechtsgeschäfte.

....

....

....

....

15. Erläutern Sie den Unterschied zwischen Nichtigkeit und Anfechtbarkeit.

Nichtigkeit	Anfechtbarkeit

16. Erläutern Sie die folgenden Rechtsgeschäfte und geben Sie an, ob sie einseitig oder zweiseitig sind.

Rechtsgeschäft	Erläuterung	einseitig/zweiseitig
Ehevertrag		
Kaufvertrag		
Kündigung		
Mahnung		
Testament		
Versicherungs-vertrag		

17. Entscheiden und begründen Sie in den folgenden Fällen, ob das Rechtsgeschäft gültig, nichtig oder anfechtbar ist.

Rechtsgeschäft	gültig/nichtig/anfechtbar Begründung
a) Ein siebenjähriges Kind kauft sich von seinem Taschengeld eine Cola.	
b) Ein Autokäufer unterschreibt einen Kaufvertrag, in dem irrtümlich ein Kaufpreis von 32000,00 € anstatt 23000,00 € angegeben ist.	
c) Ein fünfjähriges Kind kauft sich von seinem Taschengeld ein Eis.	
d) Ein Wertpapierkäufer verkauft Aktien in irrtümlicher Erwartung eines sinkenden Kurses.	
e) Ein 17-jähriger Schüler kauft sich eine Stereoanlage im Wert von 2000,00 €. Die Eltern sind dagegen.	
f) Ein Mann kauft bei einem Antiquitätenhändler eine Wanduhr für 495,00 €. Kurze Zeit später sieht er die gleiche Uhr in einem Kaufhaus für 49,00 €. Er untersucht seine Uhr und findet ein Schild mit dem Aufdruck: „Made in China".	
g) Jemand verspricht in einem Lokal, dem ein Auto zu schenken, der ihm am schnellsten ein Bier bringt.	

18. Lesen Sie den folgenden Auszug aus dem BGB und entscheiden Sie, welche der Aussagen über die Allgemeinen Geschäftsbedingungen richtig **R** und welche falsch **F** ist.

§ 305 BGB Einbeziehung Allgemeiner Geschäftsbedingungen in den Vertrag

(1) Allgemeine Geschäftsbedingungen sind alle für eine Vielzahl von Verträgen vorformulierten Vertragsbedingungen, die eine Vertragspartei (Verwender) der anderen Vertragspartei bei Abschluss eines Vertrags stellt.

(2) Gleichgültig ist, ob die Bestimmungen einen äußerlich gesonderten Bestandteil des Vertrags bilden oder in die Vertragsurkunde selbst aufgenommen werden, welchen Umfang sie haben, in welcher Schriftart sie verfasst sind und welche Form der Vertrag hat.

(3) Allgemeine Geschäftsbedingungen liegen nicht vor, soweit die Vertragsbedingungen zwischen den Vertragsparteien im Einzelnen ausgehandelt sind.

a) Die Allgemeinen Geschäftsbedingungen erleichtern die Vertragsabschlüsse, weil sie für viele Verträge genutzt werden können. ☐

b) Die Allgemeinen Geschäftsbedingungen werden zwischen den Vertragspartnern jeweils neu ausgehandelt und sind somit aktuell. ☐

c) Die Allgemeinen Geschäftsbedingungen können im Vertrag selbst oder als gesonderter Bestandteil des Vertrags aufgeführt werden. ☐

d) Die Allgemeinen Geschäftsbedingungen schließen spätere Reklamationen aus. ☐

e) Die Allgemeinen Geschäftsbedingungen gelten für alle Verträge zwischen dem Einzelhandel und dem Großhandel. ☐

19. Lesen Sie die Allgemeinen Geschäftsbedingungen der Trendino Computer-Shop GmbH (vgl. BN 5906, LF 3, Kapitel 3.1.7) und schreiben Sie heraus, was über die folgenden Bestandteile ausgesagt wird.

Fortsetzung siehe folgende Seite

Regelung	Aussage in den AGB der Trendino Computer-Shop GmbH
Rückgaberecht	
Lieferbedingungen	
Gewährleistungsrecht	
Eigentumsvorbehalt	

20. Erläutern Sie, wie man Eigentum an den folgenden Gütern erwirbt.

Güter	Eigentumserwerb durch
a) Waren	
b) 15 t Mais im Hamburger Hafen, Lager auf Kombiterminal	
c) Haus in Hamburg	
d) Ratenkauf von Möbeln	

21. In vielen Kaufverträgen ist ein Eigentumsvorbehalt enthalten. Erläutern Sie die Bedeutung eines Eigentumsvorbehalts.

....

....

....

....

....

22. Annas Fahrrad wird gestohlen. Der Dieb verkauft das Fahrrad an die nichts ahnende Auszubildende Jessica Nadler. Der Dieb übergibt das Fahrrad, Jessica zahlt den vereinbarten Preis. Erläutern Sie die Rechtslage.

....

....

....

23. Ein Kunde kauft in einem Elektrofachgeschäft eine Stereoanlage. Er leistet eine Anzahlung von 300,00 €. Der Restbetrag soll in 12 Monatsraten zu je 100,00 € gezahlt werden. Entscheiden Sie, welche der folgenden Aussagen richtig ist.

a) Der Kunde wird durch die geleistete Anzahlung rechtmäßiger Eigentümer der Stereoanlage. ☐

b) Der Kunde wird durch Zahlung der ersten Rate rechtmäßiger Eigentümer der Stereoanlage. ☐

c) Der Kunde wird durch die Zahlung der letzten Rate rechtmäßiger Besitzer der Stereoanlage. ☐

d) Der Kunde wird nach Erhalt der Stereoanlage zunächst Besitzer, nach Zahlung der letzten Rate Eigentümer der Stereoanlage. ☐

Zusatzaufgaben

1. Willenserklärungen und Verträge stehen in einem engen Zusammenhang.

a) Erläutern Sie die Bedeutung des Begriffs Willenserklärung.

....

....

....

b) Beschreiben Sie, wie ein Vertrag zustande kommt.

....

....

c) Nennen Sie drei Vertragsarten.

....

....

....

....

2. Erläutern Sie die Gründe für die Unterscheidung zwischen natürlichen und juristischen Personen.

....

....

....

3. Entscheiden Sie, ob die folgenden Aussagen richtig **R** oder falsch **F** sind.

a) Max Ferlinger ist eine natürliche Person. ☐

b) Kapitalgesellschaften und Einrichtungen des öffentlichen Rechts sind immer juristische Personen. ☐

c) Die Weingroßhandlung Ferlinger OHG ist eine natürliche Person. ☐

d) Der Männergesangsverein „Tolle Töne e. V." ist eine natürliche Person. ☐

e) Die GmbH und die AG sind immer juristische Personen. ☐

4. Erläutern Sie den Begriff Rechtsfähigkeit.

....

....

....

5. Erläutern Sie den Begriff Geschäftsfähigkeit und unterscheiden Sie die verschiedenen Arten der Geschäftsfähigkeit.

....

....

....

6. Bestimmen Sie, welche der unten stehenden Aussagen bei Verträgen mit Jugendlichen zutreffend ist.

a) Ein Kaufvertrag zwischen dem Jugendlichen und dem Facheinzelhändler ist grundsätzlich nichtig. ☐

b) Ein Kaufvertrag ist wirksam, wenn der Jugendliche mit Bargeld zahlen kann. ☐

c) Ein Vertrag ist nur gültig, wenn er schriftlich abgeschlossen wird. ☐

d) Ein Vertrag ist wirksam, wenn die Eltern des Jugendlichen im Nachhinein keinen Widerspruch erheben. ☐

Situation
Erarbeitung
Zusatz
Forder

7. Der Kaufvertrag besteht aus einem *Verpflichtungs*- und einem *Erfüllungsgeschäft*. Erläutern Sie den Zusammenhang zwischen diesen beiden Teilen.

....

....

....

....

....

....

....

....

8. Erläutern Sie im Rahmen der Vertragsfreiheit die Abschluss-, Inhalts- und Formfreiheit und zeigen Sie deren Grenzen auf.

Vertragsfreiheit	Erklärung	Grenzen
Abschluss-freiheit		
Inhaltsfreiheit		
Formfreiheit		

9. Entscheiden Sie, welche der Eigenschaften 1–4 auf die folgenden Rechtsgeschäfte zutreffen.

Eigenschaften	
1	einseitig empfangsbedürftig
2	einseitig nicht empfangsbedürftig
3	zweiseitig, dabei einseitig verpflichtend
4	zweiseitig, dabei zweiseitig verpflichtend

	Rechtsgeschäfte
	Testament
	Arbeitsvertrag
	Mahnung
	Schenkung
	Kündigung
	Mietvertrag
	Anfechtung
	Bürgschaft
	Ausbildungsvertrag
	Aufgabe eines Eigentumsanspruchs

5908120

10. Bestimmen Sie, welches der unten angegebenen Rechtsgeschäfte nichtig ist.

a) Der 14-jährige Christian kauft sich von seinem Taschengeld einen USB-Stick für 14,99 €. ☐

b) Die 18-jährige Melanie kündigt ihr Ausbildungsverhältnis schriftlich. ☐

c) Der 5-jährige Max schenkt seinem gleichaltrigen Spielkameraden sein Fahrrad. ☐

d) An seinem 18. Geburtstag kauft sich Jens einen Motorroller für 4500,00 €. ☐

11. Entscheiden und begründen Sie in den folgenden Fällen, ob das Rechtsgeschäft gültig, nichtig oder anfechtbar ist.

Rechtsgeschäft	gültig/nichtig/anfechtbar Begründung
a) Herr Urban schließt mit Herrn Gabin einen Vertrag über die Lieferung von 20 g Heroin für die Geburtstagsfeier seiner Frau ab.	
b) Ein kaufmännischer Angestellter erhält eine wertvolle Briefmarkensammlung geschenkt. Zur Umgehung der Schenkungsteuer wird ein Kaufvertrag abgeschlossen.	
c) Bei einem Versandhaus wird eine goldene Schweizer Uhr bestellt. Versehentlich wird zum gleichen Preis eine vergoldete Uhr geliefert und vom Besteller angenommen.	
d) Ein Hauseigentümer verkauft sein Haus. Der Kaufvertrag wird vom Makler beurkundet.	
e) Herr Meier braucht Geld. Er schließt deshalb mit einem privaten Geldverleiher einen Kreditvertrag über 5000,00 € ab. Dafür muss er 36 % p. a. Zinsen zahlen; etwa dreimal so viel wie bei seiner Volksbank, die ihm allerdings keinen Kredit mehr einräumt.	
f) Bei einer telefonischen Auftragserteilung werden anstelle von zehn PCs durch eine schlechte Telefonverbindung 110 PCs bestellt.	
g) In einem Mietvertrag mit einem Studenten wird eine Miete vereinbart, die die ortsübliche Miete um mehr als das Dreifache übersteigt.	
h) Ein Verkäufer weiß, dass die Vase, die er zu einem hohen Preis als antik verkauft, gar nicht antik ist.	

12. Erläutern Sie, welchen Zweck Allgemeine Geschäftsbedingungen (AGB) erfüllen.

....

....

....

....

....

....

....

Situation
Erarbeitung
Zusatz
Forder

13. Beschreiben Sie die Eigentumsübertragung bei beweglichen und bei unbeweglichen Sachen.

Forderaufgaben

1. Der 6-jährige Sohn Mike des Einzelhändlers R. Pfeiffer ist in die Schule gekommen. Er erhält von seinem Lehrer eine Liste der benötigten Schulbücher. Auf dem Heimweg von der Schule gibt er die Liste bei dem Buchhändler Markward ab. Dieser bestellt die Bücher sofort beim Verlag. Mikes Vater erfährt erst zwei Tage später davon und verlangt, dass der Buchhändler ihm die Liste der Schulbücher wieder aushändigt und das Geschäft rückgängig macht. (Der Buchhändler ist nicht Kunde bei Herrn Pfeiffer.)

   a) Entscheiden und begründen Sie, ob der Buchhändler Markward verlangen kann, dass die Bücher abgenommen und bezahlt werden.

   b) Mikes 14-jähriger Bruder Max gibt ohne Wissen seiner Eltern die Bücherliste seines Bruders Mike als Bestellung bei dem Buchhändler Blank ab. Dieser verspricht Max die Gewährung von 2 % Skonto auf die Listenpreise des Schulbuchverlages. Entscheiden und begründen Sie, ob Pfeiffer an die Bestellung seines Sohnes Max gebunden ist.

   c) Pfeiffer holt die Lehrbücher für seinen Sohn Mike ab und möchte sie bezahlen. Blank weigert sich, Herrn Pfeiffer den versprochenen Skonto zu gewähren. Entscheiden und begründen Sie, ob Blank an das Versprechen gebunden ist, das er Max gegeben hat.

   d) Pfeiffers 14-jähriger Sohn Max kauft sich bei dem Buchhändler Blank von seinem Taschengeld ein Buch über eine Detektiv-Clique. Der Vater will das Buch zurückgeben, weil er diesen Band für den kommenden Geburtstag seines Sohnes Max bereits gekauft hatte. Muss der Buchhändler das Taschenbuch zurücknehmen?

2. Dennis Sommer hat sich ein Auto gekauft und will deshalb sein Fahrrad verkaufen. Sein Nachbar Reitmann zeigt Interesse für das Fahrrad. Deshalb leiht ihm Sommer das Fahrrad für einige Zeit, damit Reitmann es ausprobieren und sich entscheiden kann.

   a) Eines Abends wird Reitmann von seinem Schwager gebeten, ihm das Fahrrad für zwei Stunden zu überlassen, damit er zum Angeln fahren könne. Er will Reitmann dafür 5,00 € geben. Entscheiden Sie, ob Reitmann seinem Schwager das Fahrrad überlassen darf.

   b) Erläutern Sie, wer die tatsächliche und wer die rechtliche Verfügungsgewalt über das Fahrrad hat, solange es noch bei Reitmann steht.

   c) Erläutern Sie, wer demnach Besitzer und wer Eigentümer ist, solange das Fahrrad noch bei Reitmann steht.

d) Sommer holt das Fahrrad bei Reitmann ab und verkauft es an Herrn Meier. Der nimmt das Fahrrad gleich mit. Erläutern Sie, wer jetzt Eigentümer und wer Besitzer ist.

e) Das Fahrrad wird Meier gestohlen. Der Dieb verkauft das Fahrrad für 600,00 € an Schechtele, der nicht weiß, dass er ein gestohlenes Fahrrad kauft. Meier entdeckt durch Zufall sein Fahrrad bei Schechtele und verlangt von ihm die sofortige Herausgabe. Sein Geld möge er sich bei dem Dieb wiederholen. Begründen Sie, ob Schechtele das Fahrrad herausgeben muss.

f) Begründen Sie, ob Schechtele das Fahrrad herausgeben müsste, wenn Meier das Fahrrad einem Arbeitskollegen geliehen hätte, der es an den nichts ahnenden Schechtele verkaufte. Erläutern Sie die Rechtslage.

g) Meier hat das Fahrrad zurück und verkauft es für 918,00 € an Weller, übergibt es diesem aber noch nicht. Tags darauf werden Meier von Albrecht 1070,00 € für das Fahrrad geboten. Meier nimmt das Geld und gibt Albrecht das Fahrrad sofort mit. Entscheiden Sie, ob der Kaufvertrag mit Weller gültig ist.

h) Entscheiden Sie, ob der Kaufvertrag mit Albrecht gültig ist.

i) Erläutern Sie, wer nach der Übergabe des Fahrrads an Albrecht Eigentümer ist.

j) Erläutern Sie, ob Weller von Albrecht die Herausgabe des Fahrrads fordern kann.

3.2 Zahlungsarten

Erarbeitungsaufgaben

1. Beschreiben Sie die Voraussetzungen für Barzahlung, halbbare Zahlung und bargeldlose Zahlung.

Barzahlung	halbbare Zahlung	bargeldlose Zahlung

2. Ihr Stammkunde Max Lehmann kauft regelmäßig Büroartikel für seinen Betrieb bei Ihnen. Sein Betrieb ist ein Planungsbüro in der Johann-Josef-Heinrich-Str. 2 in 66386 St. Ingbert. Heute braucht er außer Kopierpapier auch ein neues Laminiergerät mit dazu passenden Laminiertaschen. Das

Situation
Erarbeitung
Zusatz
Forder

Kopierpapier kostet pro Packung 18,75 €, das Laminiergerät 72,50 €. Die Laminiertaschen kosten pro Packung 5,70 €. Alle Preise sind Bruttopreise. Der Umsatzsteuersatz beträgt 19 %. Herr Lehmann möchte zehn Packungen sofort kaufen und mitnehmen. Im Moment haben Sie aber nur sieben Packungen auf Lager. Schließlich einigen Sie sich, dass Herr Lehmann die Waren gleich vollständig bezahlt und die fehlenden Laminiertaschen morgen abholen lassen wird.

a) Stellen Sie ihm eine Quittung auf dem abgebildeten Formular aus.

Quittung

Nr.

Netto € ______ ct ______

€ ______ ct ______
\+ % USt

Gesamt € ______ ct ______

Gesamtbetrag € in Worten

______ Cent wie oben

(Im Gesamtbetrag sind ______ % Umsatzsteuer enthalten)

von ______

für ______

richtig erhalten zu haben, bestätigt

Ort ______ Datum ______

Buchungsvermerke | Stempel/Unterschrift des Empfängers

b) Erläutern Sie, welche Bedeutung eine Quittung beim Kassiervorgang hat.

....

....

....

c) Prüfen Sie mithilfe des § 368 BGB, ob Herr Lehmann die Zahlung verweigern kann, wenn Sie ihm keine Quittung ausstellen möchten.

§ 368 BGB Quittung

Der Gläubiger hat gegen Empfang der Leistung auf Verlangen ein schriftliches Empfangsbekenntnis (Quittung) zu erteilen. Hat der Schuldner ein rechtliches Interesse, dass die Quittung in anderer Form erteilt wird, so kann er die Erteilung in dieser Form verlangen.

....

....

d) Begründen Sie, warum ein Verkäufer immer eine Quittung bzw. einen Kassenzettel ausstellen sollte.

....

....

....

e) Erläutern Sie, in welcher Weise die Quittung vereinfacht werden könnte, wenn die zu zahlende Summe weniger als 150,00 € betragen würde.

....

....

f) Nennen Sie die im Steuerrecht vorgeschriebenen Angaben, die in Rechnungen bis 150,00 € bzw. über 150,00 € enthalten sein müssen.

Rechnung bis 150,00 €	**Rechnung über 150,00 €**

g) Nennen und erläutern Sie die Zahlungsart, die Sie mit Herrn Lehmann vereinbart haben. Formulieren Sie zwei Vor- und zwei Nachteile dieser Zahlungsart.

Zahlungsart	
Erläuterung	
Vorteile	
Nachteile	

3. Erläutern Sie den Begriff „halbbare Zahlung“. Formulieren Sie jeweils einen Vorteil für den Zahlungspflichtigen und einen Vorteil für den Zahlungsempfänger.

Erläuterung	
Vorteil für Zahlungspflichtigen	
Vorteil für Zahlungsempfänger	

4. Erläutern Sie den Begriff „bargeldlose Zahlung“. Formulieren Sie je einen Vorteil und einen Nachteil dieser Zahlungsart.

Erläuterung	
Vorteil	
Nachteil	

Situation
Erarbeitung
Zusatz
Forder

5. Kreuzen Sie an, welche Risiken bei den folgenden Zahlungsmöglichkeiten durch den Zahlungspflichtigen ausgeschlossen werden können.

	Geldkarte	Lastschrift	Überweisung	Barscheck
falsche Betragseingabe				
falsche Empfängerangaben				
ungerechtfertigte Abbuchung vom Konto				
Verlust des Zahlungsmittels				
Fristversäumnis				

6. Erläutern Sie, warum die Geldkarte zu den bargeldlosen Zahlungsmethoden gezählt werden kann.

7. Erläutern Sie, welchen Vorteil die Zahlung mit Bankkarte an Zigarettenautomaten bietet.

8. Erläutern Sie, warum auch in Zukunft nicht ganz auf Barzahlung verzichtet werden kann.

9. Geben Sie an, bei welchen Anlässen der Zahlungspflichtige die folgenden Zahlungsmöglichkeiten sinnvollerweise nutzen kann.

	Einzelüberweisung	Sammelüberweisung	Dauerauftrag	Lastschrift
Zahlung der Telefonflatrate				
Zahlung der Kfz-Steuer				
Zahlung der Aushilfslöhne nach den Weihnachtsfeiertagen				
Zahlung einer Warenlieferung				
Zahlung der Fahrzeugversicherung				
Zahlung der Ladenmiete				
Abschlagszahlung der Stadtwerke				
Zeitschriftenabonnement				
Beitrag im Gewerbeverein				

5908126

Zusatzaufgaben

1. Maria Wiener will am 23.04.20.. eine Rechnung über 428,95 € für die bereits im März gelieferte Waschmaschine bezahlen. Als sie in ihr Portemonnaie schaut, stellt sie fest, dass sich dort nur noch 12,75 € befinden. Sie überlegt, was sie diesen Monat noch alles bezahlen muss:

- Einkauf für die kommende Woche in dem neuen großen Supermarkt: ca. 30,00 €
- zweimal Essen in der Kantine je 1,80 €
- am 30. des Monats Bezahlung des monatlichen Mitgliedsbeitrags im Fitness-Studio: 19,50 €
- ein Geburtstagsgeschenk für das Patenkind in drei Tagen: ca. 7,00 €
- Bezahlung des Prüfungsvorbereitungsbuches (Sammelbestellung in der Berufsschule): 19,95 €

„Nur gut, dass es am Dreißigsten wieder Geld gibt, sonst hätte ich ziemliche Zahlungsprobleme", meint Maria.

a) Berechnen Sie, wie viel Geld Maria noch bis zum Ende des Monats benötigt.

b) Machen Sie Vorschläge, auf welche Art und Weise Maria die einzelnen Rechnungen/Ausgaben bezahlen kann.

c) Maria Wiener bezahlt heute in der Berufsschule in Melsungen ihr neues Prüfungsvorbereitungsbuch für Verkäuferinnen und Verkäufer. Ihre Mitschülerin Nadine Schlömer, die die Bücher für alle Schüler bestellt hat, verlangt 19,95 € für das Buch. Maria übergibt ihr das Geld, möchte dafür aber eine Quittung. Füllen Sie den Quittungsvordruck entsprechend aus.

Quittung

Nr.

Netto	€		ct
	€		ct
+ % USt			
Gesamt	€		ct

Gesamtbetrag € in Worten

Cent wie oben

(Im Gesamtbetrag sind ______ % Umsatzsteuer enthalten)

von

für

richtig erhalten zu haben, bestätigt

Ort

Datum

Buchungsvermerke

Stempel/Unterschrift des Empfängers

2. Definieren Sie den Begriff Rechnung.

....

....

....

3. Geben Sie an, welche der folgenden Angaben auf einer Rechnung über eine Warenlieferung gemacht werden müssen.

Angaben	notwendig	nicht notwendig
Name des Überbringers		
Markenname der Artikel		
Tag der Lieferung		
Gewicht der Sendung		
Name des Lieferanten		
Gesamtwert der Forderung bzw. Verbindlichkeit		
Das Wort „Rechnung“		
Firma des Empfängers der Sendung		
Bestelldatum		
Sachbearbeiter		
Wert der Umsatzsteuer		
Umsatzsteuer-Identifikationsnummer		
Zuständiges Finanzamt		
Tag der Auftragserteilung		
Art und Menge der gelieferten Ware		

4. Definieren Sie die Begriffe Barzahlung, halbbare Zahlung und bargeldlose Zahlung.

Zahlungsart	Definition
Barzahlung	
halbbare Zahlung	
bargeldlose Zahlung	

5. Nennen Sie drei Risiken der Barzahlung für den Einzelhändler.

....

....

6. Begründen Sie, ob ein deutscher Einzelhändler ausländische Währungen als Zahlungsmittel akzeptieren darf.

....

....

5908128

7. Beschreiben Sie zwei Zahlungsarten, bei denen der Zahlungsempfänger ein Konto benötigt.

Zahlungsempfänger benötigt ein Konto		
Zahlungsart		
Beschreibung		

8. Beschreiben Sie zwei Zahlungsarten, bei denen der Zahlungspflichtige ein Konto benötigt.

Zahlungspflichtiger benötigt ein Konto		
Zahlungsart		
Beschreibung		

9. Unterscheiden Sie zwischen Überweisung und Lastschrift.

Überweisung	**Lastschrift**

10. Nennen Sie Beispiele für Dauerauftrag und Sammelüberweisung.

Dauerauftrag	**Sammelüberweisung**

11. Ein Kunde will seinen Einkauf mit seiner Bankkarte bezahlen. Der Kassierer stellt fest, dass die Kommunikationsleitung zum Rechenzentrum des Bankinstituts nicht aufgebaut werden kann. Nennen Sie die Voraussetzungen und Risiken für das Einzelhandelsunternehmen, wenn der Kassierer auf die in a), b) oder c) genannte Weise reagiert.

Reaktion des Kassierers	**Voraussetzungen**	**Risiko**
a) Er bittet den Kunden, sich am Bankautomaten in der Nähe der Filiale Bargeld zu beschaffen.		

Fortsetzung siehe folgende Seite

Situation
Erarbeitung
Zusatz
Forder

Reaktion des Kassierers	Voraussetzungen	Risiko
b) Er nimmt vom Kunden einen Verrechnungsscheck als Zahlungsmittel an.		
c) Er lässt sich vom Kunden eine Abbuchungserlaubnis unterschreiben.		

12. Definieren Sie Einzugsermächtigung und Abbuchungsauftrag.

Einzugsermächtigung	Abbuchungsauftrag

13. Erläutern und begründen Sie, zu welcher Zahlungsart der Barscheck zählt.

14. Beschreiben Sie, mit welcher Veränderung ein Barscheck für eine bargeldlose Zahlung benutzt werden kann.

15. Beschreiben Sie vier Arten der Kartenzahlung.

Arten	Beschreibung

16. Beschreiben Sie zwei kontaktlose Zahlungsverfahren.

Zahlungsverfahren	Beschreibung

Forderaufgaben

1. Betrachten Sie die folgenden Grafiken „Bar oder mit Karte?".

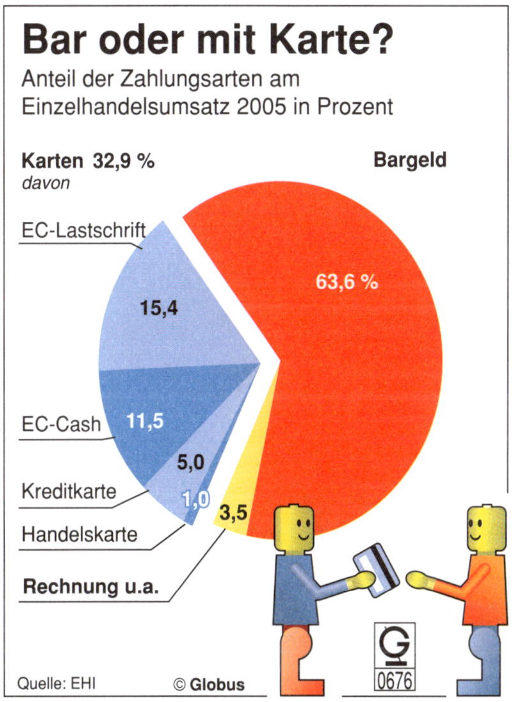

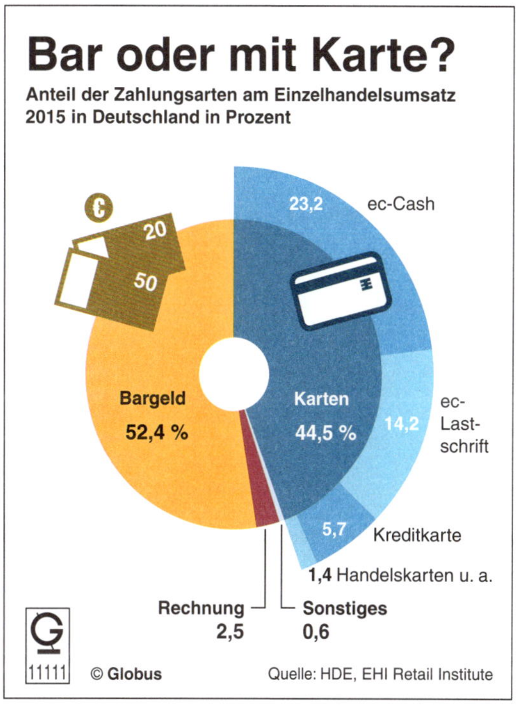

a) Erläutern Sie, was in den Grafiken dargestellt wird und wie sie sich unterscheiden.

....

....

....

....

....

b) Nennen Sie möglich Gründe, warum sich das Zahlungsverhalten der Kunden verändert hat.

....

....

....

c) Erläutern Sie, welche Bedeutung die Veränderung des Zahlungsverhaltens für den Einzelhandel hat.

2. Erläutern Sie, warum das Risiko einer Überweisung höher einzuschätzen ist als das einer Lastschrift.

3. Ein Kunde möchte seine Einkäufe mit Schweizer Franken bezahlen.

a) Erläutern Sie, welche Probleme bzw. Risiken dabei für den Einzelhändler entstehen.

b) Erläutern Sie, ob ein Einzelhändler die Annahme von fremden Währungen verweigern kann.

4. Erstellen Sie eine Präsentation (z. B. PowerPoint-Präsentation, Collage oder Bericht) zum Thema Onlinebanking.

a) Gehen Sie in Ihrer Präsentation auf die folgenden Bearbeitungshinweise ein.
- Was ist Onlinebanking?
- Welche technischen Voraussetzungen sind dafür erforderlich?
- Wic funktionicrt Onlincbanking?
- Welche Sicherheitsrisiken bestehen beim Onlinebanking?
- Welche Maßnahmen oder Technologien führen zu einer Verringerung dieser Sicherheitsrisiken?
- Welche Sicherheitsempfehlungen werden gegeben?

b) Präsentieren Sie Ihr Arbeitsergebnis vor Ihrer Klasse.

3.3 Kassensysteme und Serviceleistungen an der Kasse

Situation
Erarbeitung
Zusatz
Forder

Erarbeitungsaufgaben

1. Nennen Sie die drei Schritte beim Kassiervorgang.

....

....

....

2. Begründen Sie, warum dem Kassiervorgang im Einzelhandel eine besondere Bedeutung beigemessen wird.

....

....

....

....

....

3. Nennen Sie zwei ohne Hilfsmittel lesbare Etiketten und entschlüsseln und übersetzen Sie deren Abkürzungen.

....

....

4. Erläutern Sie die Vorteile, die Etiketten mit PLU- bzw. OCR-Aufdruck bieten.

....

....

....

5. Erklären Sie die Abkürzungen GTIN und EAN.

....

....

....

....

6. Erläutern Sie einen Vor- und einen Nachteil von Etiketten mit Strichcode gegenüber PLU- bzw. OCR-Etiketten.

....

....

....

....

7. Beschreiben Sie den 2-D-Code (QR- bzw. Matrix-Code) für Lesegeräte.

....

....

....

Situation
Erarbeitung
Zusatz
Forder

8. Nennen Sie zwei unsichtbare Etiketten, entschlüsseln und übersetzen Sie deren Abkürzungen und beschreiben Sie deren Arbeitsweise.

unsichtbare Etiketten, Abkürzung u. Übersetzung	Arbeitsweise

9. Beschreiben Sie vier weitere Einrichtungen an einem Kassenarbeitsplatz.

Einrichtungen	Beschreibung

10. Die Kasse muss schon vor Geschäftsbeginn verkaufsbereit sein, damit der Kassiervorgang bereits beim ersten Kunden ordnungsgemäß und problemlos verlaufen kann. Erläutern Sie, welche Tätigkeiten in Ihrem Ausbildungsbetrieb routinemäßig auszuführen sind, um Verkaufsbereitschaft an der Kasse herzustellen.

....

....

....

....

....

....

Situation
Erarbeitung
Zusatz
Forder

11. Im Welt-Laden kam es in den letzten Wochen mehrfach zu falscher Wechselgeldrückgabe. Um Unstimmigkeiten in Zukunft zu vermeiden, überlegt Jutta Fröhlich, Kassierregeln für den Welt-Laden zu formulieren. Vom Einzelhandelsverband erhält sie eine Musteranweisung.

a) Kennzeichnen Sie die Aussagen, die in jedem Fall in die Kassieranweisung für den Welt-Laden übernommen werden sollten.

- Alle vom Kunden ausgesuchten Artikel sind unverpackt neben die Kasse zu legen. ☐
- Der Gesamtbetrag der Rechnung ist dem Kunden laut und deutlich anzusagen. ☐
- Alle Artikel werden mit dem Handscanner erfasst. ☐
- Hat der Kunde keine eigene Tragetasche dabei, wird ihm eine Einkaufstasche zum Kauf angeboten. ☐
- Alle Geldscheine ab einem Wert von 20,00 € sind unter der Schwarzlichtlampe zu prüfen. ☐
- Gibt der Kunden einen größeren Geldbetrag als den Rechnungsbetrag, wird der Betrag genannt und in die Geldscheinhalter an der Kasse gestreckt (Scheine) oder neben die Kasse gelegt (Münzen). ☐
- Sind die Etiketten mit dem Scanner nicht zu lesen, wird der Artikel als Artikelnummer „99999“ mit der Tastatur eingegeben. ☐
- Der Betrag des Wechselgeldes wird immer vom Kassensystem berechnet. ☐
- Das Wechselgeld wird dem Kunden in die Holzschale neben der Kasse laut vorgezählt. ☐
- Der vom Kunden gegebene Betrag wird erst in die Kasse gelegt, wenn vom Kunden das Wechselgeld akzeptiert wurde. ☐
- Geldscheine ab einem Wert von 50,00 € werden in einen gesonderten Tresor eingeschlossen. ☐

b) Nennen Sie weitere Kassierregeln, die Sie aus Ihrem Ausbildungsbetrieb kennen.

....

....

c) Begründen Sie, weshalb Kassierregeln auch für Kunden notwendig sind.

....

....

d) Jeder Mitarbeiter im Welt-Laden muss die folgende Erklärung unterschreiben. Erläutern Sie die Bedeutung dieser Erklärung.

> Erklärung:
>
> Ich bestätige hiermit, dass ich die oben aufgeführte Kassenrichtlinie des Welt-Ladens gelesen und verstanden habe. Mir ist bekannt, dass ich bei Nichteinhaltung mit arbeitsrechtlichen Konsequenzen zu rechnen habe.
>
> ---------------------- -- --
>
> Datum Name in Druckschrift Unterschrift

....

....

....

....

....

....

Situation
Erarbeitung
Zusatz
Forder

12. Serviceleistungen im Kassenbereich

a) Beschreiben Sie die in Ihrem Ausbildungsbetrieb vorhandenen Serviceleistungen im Kassenbereich.

....

....

b) Notieren Sie, welche Serviceleistungen in Ihrem Ausbildungsbetrieb darüber hinaus angeboten werden könnten.

....

....

....

13. Nennen Sie die Sicherheitsmerkmale, die auf dem folgenden Geldschein markiert sind.

....

....

....

....

....

....

Zusatzaufgaben

1. Nennen Sie fünf technische Geräte des Kassenarbeitsplatzes, beschreiben Sie jeweils die Funktion und geben Sie an, bei welchem Schritt des Kassiervorgangs dieses Gerät unterstützt.

Geräte	Beschreibung der Funktion	Schritt des Kassiervorgangs

Geräte	Beschreibung der Funktion	Schritt des Kassiervorgangs

2. Warenetiketten haben im Handel eine große Bedeutung.

a) Erläutern Sie die Funktion von Etiketten.

....

b) Erläutern Sie, wie Etiketten nach ihrer Lesbarkeit unterschieden werden können und nennen Sie jeweils ein Beispiel.

....

....

c) Geben Sie an, welche der folgenden Artikel Sie mit OCR-, PLU- oder Barcode-Etiketten auszeichnen würden und begründen Sie Ihre Entscheidung.

Artikel	Etikett und Begründung
Möhren, abgepackt zu je 500 g	
Computer-Ersatzteile	
Gartengerät als Aktions- bzw. Sonderartikel	
Nachfüllpackung für Gewürze	

3. Bringen Sie die Tätigkeiten beim Kassiervorgang in die richtige Reihenfolge. Ergänzen Sie zuerst, ob die beschriebenen Tätigkeiten durch den Kunden oder den Verkäufer ausgeführt werden.

a) Barzahlung

.... nimmt das Wechselgeld entgegen und steckt es ein. ☐
.... legt das vom Kunden erhaltene Geld in die Kasse. ☐
.... zählt das Wechselgeld dem Kunden vor und übergibt es ihm. ☐
.... legt Ware auf Kassenband. ☐
.... prüft Geldscheine auf Echtheit. ☐
.... ermittelt den Rechnungsbetrag. ☐
.... schließt die Kassenlade. ☐
.... berechnet den Betrag des Wechselgeldes. ☐
.... gibt den Zahlungsbetrag. ☐
.... legt den erhaltenen Geldbetrag neben die Kasse. ☐
.... erfasst Artikeldaten mit dem Scanner. ☐
.... nennt den Rechnungsbetrag. ☐
.... prüft und nennt die Summe des erhaltenen Geldbetrags. ☐

b) Zahlung mit Bankkarte

.... gibt die PIN ein. ☐
.... übergibt dem Kunden Bankkarte und Kassenbeleg. ☐
.... ermittelt den Rechnungsbetrag. ☐
.... sagt, dass er Kartenzahlung wünscht. ☐
.... erfasst Artikeldaten mit dem Scanner. ☐
.... legt Ware auf das Kassenband. ☐
.... übergibt die Bankkarte. ☐
.... entnimmt die Karte dem Lesegerät und lässt den Kassenbeleg drucken. ☐
.... nimmt Bankkarte und schiebt sie ins Kartenlesegerät. ☐
.... nennt den Rechnungsbetrag. ☐

4. Nur kein Falschgeld annehmen!

a) Erläutern Sie, was ein Einzelhändler tun kann, wenn er entdeckt, dass er Falschgeld im Kassenbestand hat.

....

....

....

b) Es gibt verschiedene Tätigkeiten, Bargeld auf seine Echtheit zu prüfen. Geben Sie an, welches Merkmal von Euro-Scheinen durch die jeweils genannte Tätigkeit geprüft werden kann.

Tätigkeit	Merkmal von Euro-Scheinen
fühlen	
sehen	
kippen	
beleuchten	
vergrößern	

Situation
Erarbeitung
Zusatz
Forder

5. Beschreiben Sie vier Serviceangebote im Kassenbereich.

Serviceangebote	Beschreibung

Forderaufgaben

1. RFID-Etiketten finden immer mehr Verbreitung.

a) Suchen Sie in den Medien nach Veröffentlichungen, in denen gegen den Einsatz von RFID-Etiketten argumentiert wird.

b) Beschreiben Sie die Hauptkritikpunkte, die gegen diese Technik vorgebracht werden.

2. Einige Regelungen in den Kassieranweisungen betreffen das Verhalten des Kassenpersonals. So darf z. B. an der Kasse kein persönliches Geld aufbewahrt werden und eigene Einkäufe oder Einkäufe von Verwandten sind nicht selbst zu kassieren, sondern von anderen Kassiererinnen vorzunehmen. Erläutern Sie, warum solche Regelungen sinnvoll sind.

3. Formulieren Sie weitere Regeln für die Arbeit an der Kasse, um nicht von unehrlichen Kunden durch Tricks überlistet zu werden.

3.4 Kaufmännische Rechenverfahren

Erarbeitungsaufgaben

1. Ergänzen Sie die Aussagen zu den kaufmännischen Rechenverfahren, indem Sie ihnen den richtigen Satzanfang zuordnen. Tragen Sie jeweils die entsprechende Ziffer in das Kästchen ein.

Satzanfang	
1	Der einfache Durchschnitt
2	Die Verteilungsrechnung
3	Ein einfacher Dreisatz mit geradem Verhältnis
4	Der gewogene Durchschnitt
5	Die Prozentrechnung
6	Die Durchschnittsrechnung
7	Ein einfacher Dreisatz mit ungeradem Verhältnis
8	Der einfache Dreisatz

	Aussagen
	wird angewendet, wenn aus mehreren Einzelwerten ein Mittelwert, der Durchschnittswert, gebildet werden soll.
	wird berechnet, indem man die Summe der Einzelwerte durch die Anzahl der Einzelwerte dividiert.
	wird berechnet, indem man die Summe der Produkte aus Menge und Wert durch die Gesamtmenge dividiert.
	wird angewendet, wenn ein Gesamtwert in Teile zerlegt werden soll. Der Verteilungsschlüssel gibt an, in welchem Verhältnis der Gesamtwert zu verteilen ist.
	errechnet aus bekannten Größen eine unbekannte Größe.
	liegt vor, wenn sich durch die Veränderung der einen Größe die andere Größe in die gleiche Richtung ändert.
	liegt vor, wenn sich durch die Veränderung der einen Größe die andere Größe in die umgekehrte Richtung ändert.
	macht verschiedene Werte vergleichbar, indem sie sie auf die Vergleichszahl 100 bezieht.

2. Auf die Verkäuferinnen in einem Supermarkt soll zum Jahresabschluss eine Prämie im Wert von 5 000,00 € verteilt werden. Die Verteilung soll aufgrund der geleisteten Überstunden berechnet werden. Berechnen Sie die Beträge, die auf die einzelne Verkäuferin entfallen, wenn die in der Tabelle aufgeführten Daten bekannt sind.

Verkäuferin	Ø monatliche Soll-Arbeitszeit in Std.	Ø monatliche Ist-Arbeitszeit in Std.		
Müller	140	165		
Gress	100	125		
Merz	160	180		
Weiland	160	175		
Bickel	170	180		
Summe				

3. Im Welt-Laden erstellt das Warenwirtschaftssystem jede Woche eine Übersicht der Umsatzzahlen. Für drei aufeinanderfolgende Kalenderwochen (KW) ergeben sich die in der Tabelle abgebildeten Werte.

KW	Mo	Di	Mi	Do	Fr	Sa
12	215,00 €	270,00 €	265,00 €	285,00 €	295,00 €	410,00 €
13	220,00 €	260,00 €	290,00 €	265,00 €	281,00 €	340,00 €
14	225,00 €	250,00 €	270,00 €	280,00 €	267,00 €	262,00 €

a) Berechnen Sie den durchschnittlichen Umsatz pro Woche und pro Wochentag.

Ø Umsatz/Woche (KW 12 bis 14)	Ø Umsatz/Wochentag (KW 12 bis 14)

b) Für eine neue Berechnung des durchschnittlichen Umsatzes soll die folgende Woche berücksichtigt werden. Der Donnerstag dieser Woche ist ein Feiertag. Berechnen Sie für die KW 12 bis 15 den durchschnittlichen Umsatz pro Woche und pro Wochentag.

KW	Mo	Di	Mi	Do	Fr	Sa
15	225,00 €	255,00 €	245,00 €	./.	325,00 €	390,00 €

Ø Umsatz/Woche (KW 12 bis 15)	Ø Umsatz/Wochentag (KW 12 bis 15)

4. Die folgende Übersicht zeigt an, wie viele Kunden in den Kalenderwochen 12 und 13 pro Wochentag bar bzw. bargeldlos gezahlt haben.

KW	Zahlungsart	Mo	Di	Mi	Do	Fr	Sa
12	bar	8	10	10	11	11	16
	bargeldlos	2	2	2	3	3	4
13	bar	8	10	11	10	11	13
	bargeldlos	3	3	3	3	3	4

a) Berechnen Sie die durchschnittliche Kundenzahl pro Woche und pro Wochentag.

Ø Kundenzahl/Woche (KW 12 und 13)	Ø Kundenzahl/Wochentag (KW 12 und 13)

Situation
Erarbeitung
Zusatz
Forder

b) Berechnen Sie die durchschnittliche Anzahl der Kunden, die bar bzw. bargeldlos gezahlt haben.

c) Berechnen Sie für die KW 12 und 13 den durchschnittlichen Umsatz pro Kunde. Entnehmen Sie die Umsatzdaten der Tabelle in Aufgabe 3 (siehe Seite 141).

5. In einem Geschäft soll die Zahl der Kunden im Tagesverlauf ermittelt werden. Das Kassensystem kann dabei nicht helfen. Die Mitarbeiter führen daher eine Strichliste, mit deren Hilfe sie alle Personen, die das Geschäft betreten, zählen.

Uhrzeit	Mo	Di	Mi	Do	Fr	Sa	zu b) Ø
09:00 – 11:00	2	3	2	3	4	5	
11:00 – 13:00	5	4	6	4	5	9	
13:00 – 15:00	4	5	4	4	6	8	
15:00 – 17:00	8	7	9	8	9	7	
17:00 – 19:00	6	8	7	8	6	5	
19:00 – 20:00	4	6	6	5	4	4	

a) Der Geschäftsführer gibt die Anweisung, die durchschnittliche Kundenzahl pro Zeitintervall zu berechnen, wobei die letzte Zeile nicht berücksichtigt werden soll. Begründen Sie diese Anweisung.

b) Berechnen Sie die durchschnittliche Kundenzahl aus den Daten der ersten fünf Zeilen. Nutzen Sie dazu die letzte Spalte der Tabelle.

c) Erläutern Sie, warum die Werte der Mitarbeiter von denen des Kassensystems abweichen.

6. Im Welt-Laden wird eine Lieferung mit verschiedenen Sorten Schokolade angeliefert. Die Paketzustellung kostet insgesamt 12,72 €. Mit der Sendung wurden die in der Tabelle aufgeführten Artikel geliefert.

Sorte	Anzahl Tafeln	Gewicht je Tafel in g	Einkaufspreis in €
Vollmilch-Nuss	35	145	0,99
Mandel	68	125	1,09
Mocca	54	150	1,16
Nougat	62	130	1,08

a) Rechnen Sie allen Sorten gleiche anteilige Lieferkosten zu.

b) Erläutern Sie, in welchen Fällen eine gleiche anteilige Kostenverteilung sinnvoll ist.

c) Verteilen Sie die Lieferkosten auf die einzelnen Sorten. Legen Sie dabei die Anzahl der Tafeln je Sorte als Verteilungsschlüssel zugrunde.

5908142

Situation
Erarbeitung
Zusatz
Forder

Sorte	Anzahl Tafeln	Gewicht je Tafel in g	Gesamtgewicht in g	anteilige Lieferkosten über Gewicht pro Tafel
Vollmilch-Nuss				
Mandel				
Mocca				
Nougat				
Summe				

d) Verteilen Sie die Lieferkosten auf die einzelnen Sorten. Legen Sie dabei das Gewicht pro Sorte als Verteilungsschlüssel zugrunde.

Sorte	Anzahl Tafeln	Gewicht je Tafel in g	Gesamtgewicht in g	anteilige Lieferkosten über Gewicht pro Sorte
Vollmilch-Nuss				
Mandel				
Mocca				
Nougat				
Summe				

e) Die Lieferung ist gegen Bruch, Verderb und Diebstahl für eine Versicherungsprämie in Höhe von 4,30 € versichert. Die Versicherungsprämie ist in dem Betrag von 12,72 € enthalten. Bestimmen Sie die Kostenverteilung, wenn die Transportkosten nach dem Gewicht und die Versicherungsprämie nach dem Einkaufswert verteilt werden.

Sorte	Gesamtgewicht in g	Gesamtpreis in €	Transportkosten in €	Versicherungsprämie in €
Vollmilch-Nuss				
Mandel				
Mocca				
Nougat				
Summe				

7. In einem Baumarkt sind 500 m² Lagerfläche für 3 Fliesensorten reserviert. Die Fliesen sind immer in Paketen zu 15 Stück verpackt. Der Flächenbedarf jedes Pakets entspricht der Fliesengröße. Zu den Fliesen sind die in der Tabelle enthaltenen Informationen bekannt.

Sorte	Absatz pro Jahr in Stück	Größe in cm x cm	Verkaufspreis in €/m²
Merano-Blue	6 300	40 x 40	15,00
Rustico	7 050	60 x 30	18,50
Vestigo	5 100	50 x 50	17,00

a) Teilen Sie den 3 Sorten den zur Verfügung stehenden Lagerplatz aufgrund der verkauften Stückzahl pro Jahr zu.

Situation
Erarbeitung
Zusatz
Forder

b) Teilen Sie den 3 Sorten den zur Verfügung stehenden Lagerplatz aufgrund des durch die abgesetzten Mengen in Anspruch genommenen Lagerplatzbedarfs zu.

c) Teilen Sie den 3 Sorten den zur Verfügung stehenden Lagerplatz aufgrund der Umsatzerlöse pro Jahr zu.

d) Der Verkaufsleiter des Baumarktes legt fest, dass für jede Sorte genug Lagerfläche reserviert wird, um 10 % des Jahresbedarfs einlagern zu können. Der Rest der Fläche wird je zur Hälfte nach der verkauften Stückzahl und der erwarteten Umsatzhöhe verteilt. Ermitteln Sie die Werte pro Fliesensorte.

Situation
Erarbeitung
Zusatz
Forder

8. Ermitteln Sie den geschätzten Jahresumsatz (52 Wochen) für den Welt-Laden aufgrund der folgenden Umsatzzahlen.

KW	Mo	Di	Mi	Do	Fr	Sa
12	215,00 €	270,00 €	265,00 €	285,00 €	295,00 €	410,00 €
13	220,00 €	260,00 €	290,00 €	265,00 €	281,00 €	340,00 €
14	225,00 €	250,00 €	270,00 €	280,00 €	267,00 €	262,00 €

9. Täglich werden von der Sorte „Pfefferminz-Marzipan“ durchschnittlich 4 Tafeln Schokolade verkauft. Der maximale Lagerbestand beträgt 120 Stück. 20 Stück sollen als Mindestbestand immer vorhanden sein.

a) Ermitteln Sie die Reichweite des Lagerbestands in Tagen.

b) Ermitteln Sie den neuen Lagerbestand, wenn der Abverkauf um eine Tafel am Tag steigen, die Reichweite des Lagers aber gleich bleiben soll.

c) Der maximale Lagerbestand soll im Vergleich zur Ausgangslage um 20 % reduziert werden. Berechnen Sie die folgenden Werte.

Werte	Berechnung
neuer maximaler Lagerbestand	
neue Reichweite des Lagers	
Anzahl der Verkaufstage bis zum Erreichen des neuen maximalen Lagerbestands	

10. Im Welt-Laden werden im Jahr etwa 8 500 Kunden bedient.

a) Ermitteln Sie die Anzahl der Kunden, die mit Karte zahlen, wenn 72,5 % Barzahler sind.

b) Ermitteln Sie die Anzahl der männlichen Kunden, wenn 84 % weiblich sind.

11. Die Mitarbeiter des Welt-Ladens erhalten einen sofortigen Rabatt von 5 % auf alle Einkäufe. Im Kassensystem werden ihre Einkäufe separat erfasst.

a) Ermitteln Sie den Wert des Preisnachlasses für die Mitarbeiter insgesamt, wenn der Umsatz aus Warenverkäufen im vergangenen Jahr bei 123 000,00 € lag und davon 35 % auf die Käufe der Mitarbeiter entfiel.

b) Ermitteln Sie die darin enthaltene Umsatzsteuer (voller Steuersatz).

Situation
Erarbeitung
Zusatz
Forder

12. Die folgende Übersicht zeigt an, wie viele Kunden in den Kalenderwochen 12 und 13 pro Wochentag bar bzw. bargeldlos gezahlt haben. Berechnen Sie für die Wochentage der 12. und 13. Woche, wie viel Prozent der Kunden mit bzw. ohne Bargeld bezahlt haben.

KW	Zahlungsart	Mo	Di	Mi	Do	Fr	Sa
12	bar	8	10	10	11	11	16
	bargeldlos	2	2	2	3	3	4
13	bar	8	10	11	10	11	13
	bargeldlos	3	3	3	3	3	4

	KW 12		KW 13	
	bar	bargeldlos	bar	bargeldlos
Mo				
Di				
Mi				
Do				
Fr				
Sa				

Zusatzaufgaben

3.4.1 Durchschnittsrechnung

1. Die monatlichen Umsätze betrugen im Monat Januar 21 286,32 €, im Februar 20 378,56 € und im März 22 116,11 €. Wie hoch waren sie im Monatsdurchschnitt?

....

2. Frau Müller bewies ihre Schreibgeschwindigkeit durch zwei zehnminütige Abschreibproben. Bei der 1. Probe schrieb sie 2 560 Anschläge, bei der 2. Probe 2 480 Anschläge. Wie hoch war ihre durchschnittliche Anschlagszahl in 10 Minuten?

....

3. Nach einer Klassenarbeit zeigen sich folgende Ergebnisse:

Note	1	2	3	4	5	6
Schüleranzahl	3	5	9	4	2	1

Ermitteln Sie die Durchschnittsnote.

....

5908146

Situation
Erarbeitung
Zusatz
Forder

4. In einer Klasse für Einzelhandelskaufleute sind 25 Auszubildende:
- 5 Auszubildende sind 18 Jahre alt,
- 6 Auszubildende sind 19 Jahre alt,
- 8 Auszubildende sind 20 Jahre alt,
- 3 Auszubildende sind 21 Jahre alt,
- 2 Auszubildende sind 22 Jahre alt,
- 1 Auszubildende ist 29 Jahre alt.

Wie hoch ist das Durchschnittsalter der Schüler dieser Klasse?

....

5. An einem Kassenautomat einer Bank lassen sich von 11:00 Uhr bis 12:00 Uhr die Kunden folgende Beträge auszahlen:

Anzahl Kunden	15	18	34	17	14	12
Barauszahlung in €	100,00	200,00	300,00	400,00	500,00	600,00

Wie hoch war der durchschnittliche Auszahlungsbetrag?

....

6. Frau Graziano tankt regelmäßig 60 l Benzin an verschiedenen Tankstellen zu unterschiedlichen Preisen:
- am 6. Februar zu 1,52 € je l,
- am 10. Februar zu 1,53 € je l,
- am 16. Februar zu 1,58 € je l,
- am 22. Februar zu 1,57 € je l und
- am 28. Februar zu 1,55 € je l.

Berechnen Sie den durchschnittlichen Preis je Liter.

....

7. Nach einer Dienstreise stellt die Geschäftsführerin einer Drogerie-Kette ihre Hotelkosten zusammen:
- 3 Übernachtungen in Frankfurt zu je 156,00 €
- 2 Übernachtungen in Berlin zu je 178,00 €
- 3 Übernachtungen in München zu je 168,00 €
- 3 Übernachtungen in Bamberg zu je 128,00 €
- 4 Übernachtungen in Dresden zu je 148,00 €

a) Wie hoch sind die durchschnittlichen Hotelkosten je Übernachtung?

....

b) Wie hoch sind die durchschnittlichen Hotelkosten je Aufenthalt?

....

c) Wie viele Nächte blieb sie im Durchschnitt in einer Stadt?

....

8. In der Buchhaltung werden
- am Montag 23 Rechnungen,
- am Dienstag 27 Rechnungen,
- am Mittwoch 30 Rechnungen,
- am Donnerstag 24 Rechnungen und
- am Freitag 16 Rechnungen bearbeitet.

Wie viele Rechnungen werden im Durchschnitt pro Tag bearbeitet?

....

Situation
Erarbeitung
Zusatz
Forder

9. Frau Schüller arbeitete am

Montag	Dienstag	Mittwoch	Donnerstag	Freitag
7 Std., 48 Min.	6 Std., 52 Min.	8 Std., 45 Min.	6 Std., 50 Min.	7 Std., 40 Min.

Wie hoch war ihre durchschnittliche tägliche Arbeitszeit (in Stunden und Minuten)?

....

10. Eine Mitarbeiterin im Einkauf tankte
- am 5. November 44 l zu 1,43 € je l,
- am 8. November 45 l zu 1,41 € je l,
- am 11. November 45 l zu 1,37 € je l,
- am 15. November 32 l zu 1,39 € je l,
- am 20. November 43 l zu 1,38 € je l.

Wie viel Euro gab sie durchschnittlich für einen Liter Diesel aus?

....

11. Die Heizungsanlage eines Supermarktes mit einer Fläche von 180 m² verbrauchte im Laufe des vorigen Jahres folgende Mengen an Heizöl:

I. Quartal	II. Quartal	III. Quartal	IV. Quartal
3 100 l	2 100 l	1 100 l	2 160 l

Berechnen Sie

a) den durchschnittlichen Heizölverbrauch je Quartal,

....

b) den durchschnittlichen Heizölverbrauch je Monat,

....

c) die Kosten des Heizöls bei einem Heizölpreis von 0,64 € je Liter,

....

d) die Gesamtkosten des Heizens unter Berücksichtigung der Kosten für die Kaminreinigung (86,00 €), der Kosten für Reparatur und Wartung (521,00 €) und der Stromkosten (350,60 €).

....

e) die jährlichen Heizkosten pro m² unter Berücksichtigung aller angegebenen Kosten.

....

12. Familie Wiener zahlt für jede Kilowattstunde (kWh) elektrischen Strom 0,22 € und zusätzlich eine monatliche Grundgebühr von 12,00 €.

a) Wie hoch sind die Gesamtkosten im Monat Januar bei einem Verbrauch von 120 kWh?

....

b) Wie hoch sind die durchschnittlichen Gesamtkosten je kWh in diesem Monat?

....

c) Wie hoch sind die Gesamtkosten im Monat Februar bei einem Verbrauch von 150 kWh?

....

d) Wie hoch sind die durchschnittlichen Gesamtkosten je kWh in diesem Monat?

....

e) Wie hoch sind die Gesamtkosten in den Monaten Januar und Februar zusammen?

....

f) Wie hoch sind die durchschnittlichen Gesamtkosten in beiden Monaten zusammen? Rechnen Sie mit 4 Dezimalstellen.

....

13. Für Malerarbeiten in ihrem Haus erhält Familie Wiener folgende Rechnung:
- 4 Meisterstunden zu je 30,30 € je Stunde
- 9 Gesellenstunden zu je 21,98 € je Stunde

Wie teuer war eine Arbeitsstunde im Durchschnitt?

....

14. Zwei Auszubildende machen gemeinsam eine Rundreise durch die USA.
- In New York zahlen sie für 6 Übernachtungen je 40 $,
- in Chicago zahlen sie für 3 Übernachtungen je 32 $,
- in Salt Lake City zahlen sie für 2 Übernachtungen je 27 $,
- in San Francisco zahlen sie für 5 Übernachtungen je 35 $,
- in Los Angeles zahlen sie für 3 Übernachtungen je 38 $,
- in New Orleans zahlen sie für 5 Übernachtungen je 39 $.

a) Wie hoch sind ihre durchschnittlichen Hotelkosten je Übernachtung?

....

b) Wie hoch sind ihre durchschnittlichen Hotelkosten je Aufenthalt?

....

c) Wie viele Nächte blieben sie im Durchschnitt in einer Stadt?

....

3.4.2 Verteilungsrechnung

15. Familie Berger gab für einen 5-tägigen Urlaub 560,00 € aus. Wie viel Euro kostete ein Tag dieser Urlaubsreise, wenn alle Tage gleich viel gekostet haben?

....

16. Fünf Familien fahren gemeinsam in einem gemieteten Bus in Urlaub. Die Kosten von 1 560,00 € werden gleichmäßig verteilt. Wie hoch ist der Anteil jeder Familie?

....

17. Ein Einzelhandelsunternehmen hat jeweils ein Konto bei 3 verschiedenen Kreditinstituten. Die Summe der 3 Konten beträgt 6 705,00 €. Wie viel Euro befindet sich im Durchschnitt auf jedem der Konten?

....

18. Eine Schulklasse mit 24 Schülern verbringt 5 Tage in einem Schullandheim. Die Klasse verpflegt sich selbst und gibt 450,00 € für Lebensmittel aus.

a) Wie hoch ist der Anteil jedes Schülers an den Kosten für Lebensmittel?

....

b) Wie hoch ist der Anteil jedes Schülers an den Ausgaben für Lebensmittel je Tag?

....

Situation
Erarbeitung
Zusatz
Forder

19. 12 Auszubildende überreichen ihrer Lehrerin ein Geburtstagsgeschenk. Die Kosten von 78,00 € sollen zu gleichen Anteilen verteilt werden. Wie viel Euro muss jeder Auszubildende zahlen?

....

20. Ein Einzelhändler will am Ende des Geschäftsjahres eine Erfolgsprämie von 4425,00 € an seine Mitarbeiter A, B und C verteilen. Diese Prämie soll im Verhältnis der Jahresgehälter verteilt werden. A hatte ein Jahresgehalt von 27600,00 €, B von 26400,00 € und C von 16800,00 €. Wie viel Euro Erfolgsprämie erhält B?

....

21. Ein Einzelhändler feiert das 10-jährige Betriebsjubiläum. Aus diesem Anlass verteilt er an die Angestellten eine Prämie entsprechend der Betriebszugehörigkeit der Beschäftigten. Frau Höflich ist seit 10 Jahren im Betrieb, Frau Groß seit 7 Jahren und Herr Lembach seit 3 Jahren. Wie viel Euro der Prämie entfallen auf Frau Höflich und auf Frau Groß, wenn Herr Lembach 900,00 € erhält?

....

22. Ein Einzelhändler feiert das 25-jährige Betriebsjubiläum und verteilt daher an die Angestellten eine Prämie nach der Wochenarbeitszeit der Beschäftigten. Frau Rose arbeitet 36 Stunden, Frau Krüger 20 Stunden und Herr Mann 28 Stunden in der Woche. Wie viel Euro der Prämie entfallen auf jeden der Beschäftigten, wenn der Einzelhändler 4200,00 € zur Verfügung stellt?

....

....

23. Ein Einzelhändler bezahlte eine Rechnung für Heizöl über 2315,00 €. Wie viel Euro entfielen auf die Privatwohnung des Einzelhändlers und auf das Geschäft, wenn der Rechnungsbetrag im Verhältnis 7 : 3 zu verteilen ist?

....

24. Ein Einzelhändler verteilt an seine 3 Mitarbeiter eine Jahresprämie. A erhält $^3/_5$, B $^1/_9$ und C den Rest.

a) Berechnen Sie den Gesamtbetrag der Prämie, wenn C 1300,00 € erhält.

....

b) Wie viel Euro erhält jeder Mitarbeiter?

....

25. Ein Grundstück von 1 890 m² wird unter 3 Erben aufgeteilt. A erhält $^2/_3$, B und C erhalten je $^1/_6$. Wie viel m² erhält jeder Erbe?

....

3.4.3 Dreisatzrechnung

26. 26 Auszubildende zahlen für ihre Theaterkarten 117,00 €. Wie viel Euro kostet eine Theaterkarte?

....

27. Die Pkw-Kosten des Geschäftsführers betrugen im vorigen Jahr bei einer Jahresleistung von 36 000 km 28080,00 €. Wie hoch waren die Pkw-Kosten pro km?

....

28. In der Buchhaltung können in einem Regal von 14 m Länge 560 Akten untergebracht werden. Wie viele Akten können in einem Regal von 1 m Länge abgelegt werden?

....

29. Für das Vorbereiten eines umfangreichen Angebots brauchen 3 Mitarbeiterinnen 9 Stunden. Wie lange braucht eine Angestellte?

....

30. Ein Einzelhändler bildet in diesem Jahr 5 Auszubildende aus und hat dadurch Kosten von insgesamt 37 080,00 €. Wie hoch sind die Ausbildungskosten für einen Auszubildenden?

....

31. Wenn eine Sekretärin täglich 15 Blatt Konzeptpapier verbraucht, reicht der Vorrat 10 Tage. Wie lange reicht dieser Vorrat, wenn sie täglich nur ein Blatt Konzeptpapier verbraucht?

....

32. Ein Kaufmann zahlt für sein 100 m^2 großes Geschäft 1 080,00 € Miete. Wie viel Euro Miete zahlt er für 1 m^2?

....

33. Der neue Drucker druckt 450 Blätter in 25 Minuten. Wie viele Blätter schafft er in einer Minute?

....

34. Frau Strobel schreibt 7 650 Anschläge in 30 Minuten. Wie viele Anschläge schreibt sie in einer Minute?

....

35. Die Heizungskosten einer Anwaltspraxis betrugen im vorigen Jahr 1 267,50 € für 130 m^2. Wie hoch waren die Heizungskosten für 1 m^2?

....

36. Zur Renovierung eines Ladengeschäfts benötigen 4 Maler 3 Tage. Wie viele Tage würde ein Maler benötigen?

....

37. Ein Patentanwalt zahlt eine jährliche Praxismiete von 17 640,00 €. Wie hoch ist die Monatsmiete?

....

38. Ein Vertreter tankt 42 l Benzin und bezahlt 53,76 €. Wie viel Euro kostet ein Liter Benzin?

....

39. Die Inventurarbeiten in einer Einzelhandelsgeschäft werden von 5 Angestellten in 4 Stunden erledigt. Wie viele Stunden würden 2 Angestellte für die Inventur benötigen?

....

40. Zwei Auszubildende benötigen für das Sortieren der Post 15 Minuten. Wie lange benötigen sie, wenn ein dritter Auszubildender mithilft?

....

41. Frau Sommer hat für ihren Urlaub gespart. Wenn sie täglich 100,00 € für Unterkunft und Verpflegung ausgibt, kann sie 18 Tage Urlaub machen. Wie lange kann sie mit ihren Ersparnissen Urlaub machen, wenn sie täglich 120,00 € ausgibt?

....

42. Der Bruttolohn einer Aushilfskraft beträgt bei 30 Stunden im Monat 540,00 €. Um wie viel Euro ist der Bruttolohn bei 25 Stunden im Monat niedriger?

....

Situation
Erarbeitung
Zusatz
Forder

43. Ein Kaufmann hat einen neuen Laserdrucker gekauft. Dieser Drucker druckt 8 Blatt/Minute. Der alte Laserdrucker druckte 3 Blatt/Minute und benötigte 48 Minuten für eine umfangreiche Produktbeschreibung. Wie viele Minuten braucht der neue Drucker für ein Papier gleichen Umfangs?

....

44. Die Verkäufer bei der brutto=netto OHG erhalten 30 Tage Urlaub im Jahr. Wie viele Tage Urlaub erhält eine Verkäuferin, die im Jahr 8 Monate gearbeitet hat?

....

45. Ein Heizölvorrat reicht bei einem täglichen Verbrauch von 30 l 150 Tage. Wie lange reicht der Vorrat, wenn der Tagesverbrauch um 5 l vermindert werden kann?

....

46. Ein Einzelhändler bildet in diesem Jahr 4 Auszubildende aus und hat dadurch Kosten von insgesamt 2932,00 € im Monat. Im kommenden Jahr sollen noch 3 Auszubildende mehr eingestellt werden. Wie hoch werden dann die Ausbildungskosten insgesamt im Monat sein?

....

47. Der Bestand an Fotokopierpapier reicht in einem Geschäft bei einem täglichen Verbrauch von 76 Blatt 12 Tage. Wie lange wird der Bestand reichen, wenn täglich 96 Blatt verbraucht werden?

....

48. 4 Sachbearbeiter im Verkauf benötigen für die Bearbeitung einer umfangreichen Akte 10 Tage. Wie viele Tage benötigen 5 Sachbearbeiter für die Bearbeitung einer Akte gleichen Umfangs?

....

49. Ein Vertreter fuhr im vergangenen Monat mit seinem Pkw insgesamt 2 100 km. Die Kfz-Kosten für diesen Monat betrugen 2457,00 €. Wie hoch ist der betriebliche Anteil an den Kfz-Kosten, wenn der Vertreter 1 450 km beruflich zurücklegte?

....

50. Der Pkw von Herrn Müller verbraucht im Jahr insgesamt 3 600 l Benzin bei einer Fahrleistung von 48 000 km. Wie viele Liter beträgt der Durchschnittsverbrauch je 100 km?

....

51. Ein Pkw braucht bei einer durchschnittlichen Stundengeschwindigkeit von 90 km für die Strecke Frankfurt/Main – Saarbrücken 2 Stunden 30 Minuten. Wie viel Zeit braucht der Pkw bei einer durchschnittlichen Stundengeschwindigkeit von 75 km für dieselbe Strecke?

....

52. Eine Auszubildende will 12 Monate lang 75,00 € für ihren Urlaub sparen. Nach wie vielen Monaten kann sie diesen Urlaub schon antreten, wenn sie monatlich 100,00 € spart?

....

53. Ein Unternehmen beschäftigt 95 Mitarbeiter bei einer wöchentlichen Arbeitszeit von 40 Stunden. Wie viele Mitarbeiter benötigt das Unternehmen bei einer Reduzierung der wöchentlichen Arbeitszeit auf 38 Stunden?

....

54. Ein Auto verbraucht 6 l Benzin je 150 km. Wie viel l Benzin werden für die Strecke Düsseldorf – Berlin (572 km) verbraucht?

....

5908152

Situation

Erarbeitung

Zusatz

Forder

55. Ein Auto legt die Strecke Chemnitz – Berlin (270 km) in 3 Stunden zurück. Wie viele Minuten braucht es für 30 km?

....

56. Ein Student verteilt Prospekte an 250 Haushalte in 2 Stunden. Wie viele Stunden und Minuten braucht er, um Prospekte an 300 Haushalte zu verteilen?

....

3.4.4 Prozentrechnung

Berechnung des Prozentwertes

57. Berechnen Sie, wie viel Euro Rabatt gewährt wurde.

	Listenpreis in €	Rabatt in %	Rabatt in €
a)	1280,00	10,0	
b)	1598,00	12,0	
c)	1998,00	15,0	
d)	2798,00	18,0	
e)	3998,00	20,0	
f)	4280,00	7,5	

58. Wie viel Euro Skonto wurden gewährt?

	Rechnungsbetrag in €	Skonto in %	Skonto in €
a)	998,00	3,0	
b)	1498,00	2,0	
c)	598,00	1,0	
d)	774,00	0,5	
e)	398,00	1,5	
f)	498,00	2,5	

59. Eine Verkäuferin erhält ein Bruttogehalt von 1600,00 €. Nach ihrer Probezeit erhält sie eine Gehaltserhöhung von 6 %.

a) Wie hoch ist die Gehaltserhöhung?

....

b) Wie hoch ist das neue Bruttogehalt?

....

60. Die Betriebsausgaben für einen Pkw betragen jährlich 32000,00 €. Wie viel Euro entfallen auf die 30%ige private Nutzung des Pkw?

....

Situation
Erarbeitung
Zusatz
Forder

61. Die freien Berufe stellten vor fünf Jahren 143 000 Ausbildungsplätze zur Verfügung. Heute bilden sie 11,5 % weniger Auszubildende aus. Der öffentliche Dienst dagegen stellte 49 000 Ausbildungsplätze zur Verfügung. Heute bildet er 24,5 % weniger Auszubildende aus.

a) Wie viele Ausbildungsplätze stellen die freien Berufe heute absolut weniger zur Verfügung?

....

b) Wie viele Ausbildungsplätze wurden im öffentlichen Dienst abgebaut?

....

62. Vor fünf Jahren gab es in Deutschland 43,25 Mio. Mobiltelefone. Bis heute stieg diese Zahl um 230 %.

a) Wie viele Mobiltelefone gibt es heute zusätzlich?

....

b) Wie viele Mobiltelefone gibt es heute?

....

63. Die folgende Tabelle ist nicht vollständig. Ermitteln Sie bitte die fehlenden Angaben.

	2017		**2007**	
	Anzahl	%	Anzahl	%
Kunden	150 377			
davon weiblich		31,8	23 137	23,66

a) Wie viele weibliche Kunden gab es 2017?

....

b) Wie viele Kunden gab es 2007 insgesamt?

....

64. Die Bruttoverdienste weiblicher Angestellter liegen in Westdeutschland bei 2 034,00 €, in den ostdeutschen Bundesländern sind sie 5 % niedriger. Um wie viel Euro sind die ostdeutschen Verdienste niedriger als die westdeutschen?

....

65. Ein Unternehmen der Reisebranche hat einen Marktanteil von 13 %. Wie hoch ist sein Umsatz, wenn der Gesamtumsatz der Branche 17 700,00 Mio. € beträgt?

....

Berechnung des Prozentsatzes

66. Die Anzahl der Bundestagsabgeordneten betrug bis zur 16. Legislaturperiode 614. Für die 17. Legislaturperiode wurde die Anzahl der Abgeordneten auf 622 erhöht. Die Anzahl der Wahlkreise wurde bereits zuvor von 328 auf 299 reduziert.

a) Um wie viel Prozent ist die Anzahl der Abgeordneten gestiegen (auf eine Stelle nach dem Komma runden)?

....

b) Um wie viel Prozent ist die Anzahl der Wahlkreise gesunken (auf zwei Dezimalstellen runden)?

....

67. Die Zahl der Mitglieder eines IHK-Bezirks ist im vergangenen Jahr von 5 000 auf 5 200 gewachsen. Um wie viel Prozent stieg die Mitgliederzahl?

....

68. Die Zahl der Ausbildungsverträge im Kammerbezirk beträgt in diesem Jahr 511. Im Jahr davor wurden 730 Verträge abgeschlossen. Wie viel Prozent betrug der Rückgang?

....

69. Das Bundesurlaubsgesetz sah früher einen Mindesturlaub von 18 Tagen vor. Heute beträgt der Mindesturlaub für Volljährige 24 Werktage. Um wie viel Prozent stiegen die Urlaubstage?

....

70. Das Gehalt einer Verkäuferin wurde von 1 570,00 € auf 1 624,95 € erhöht.

a) Wie viel Euro betrug die Gehaltserhöhung?

....

b) Wie viel Prozent betrug die Gehaltserhöhung?

....

71. Ein Tintenstrahldrucker zum Barverkaufspreis von 249,00 € wird an einen Kunden verkauft, der Ratenzahlung wünscht. Wie viel Prozent zahlt der Kunde mehr, wenn der Ratenpreis 261,45 € beträgt?

....

72. Ein Laserdrucker wird zu einem Barpreis von 949,00 € angeboten. Da ein Kunde das Gerät nicht bar bezahlen kann, wird Ratenzahlung vereinbart. Der Kunde zahlt 12 % des Kaufpreises an; den Rest zahlt er in 8 gleichen Monatsraten zu je 113,88 €.

a) Wie viel Euro zahlt der Kunde bei Ratenzahlung (die Anzahlung nicht vergessen)?

....

b) Um wie viel Euro übersteigt die Ratenzahlung die Barzahlung?

....

c) Wie viel Prozent zahlt der Kunde bei Ratenzahlung mehr?

....

Berechnung des Grundwertes

73. Ein Verkäufer erhält eine fünfprozentige Gehaltserhöhung von 87,25 €.

a) Wie viel Euro betrug das alte Gehalt?

....

b) Wie viel Euro beträgt das neue Gehalt?

....

74. Ein Bürobedarfsgeschäft gewährt seinen Kunden 2 % Skonto. Bei dem Kauf eines Faxgeräts beträgt der Skontoabzug 8,40 €.

a) Wie hoch ist der Rechnungspreis des Faxgeräts?

....

b) Wie viel Euro beträgt der Barzahlungspreis?

....

Situation
Erarbeitung
Zusatz
Forder

75. Beim Kauf eines Notebooks gewährt der Verkäufer einen siebenprozentigen Rabatt von 104,30 €. Wie viel Euro beträgt der Rechnungspreis?

....

76. Der Preis eines Computers wurde um 15 % gesenkt. Dadurch spart der Käufer 222,75 €. Wie hoch war der ursprüngliche Preis?

....

77. Ein Einzelhändler erhält am 11. Februar die Rechnung für einen Bürostuhl von 490,00 €. Auf der Rechnung befindet sich folgende Zahlungsbedingung: „Zahlbar in 3 Monaten netto, binnen 1 Monat 2 %, binnen 10 Tagen 3 % Skonto.“ Wie viel Euro müsste der Einzelhändler überweisen?

a) am 21. Februar,

....

b) am 11. März,

....

c) am 11. Mai?

....

78. Die Sozialabgaben einer Verkäuferin betragen 20,475 % ihres Gehalts. Dies sind 410,00 €. Wie viel Euro beträgt ihr Bruttogehalt?

....

Berechnung des vermehrten Grundwertes

79. Nach einer Gehaltserhöhung von 4 % beträgt das Gehalt eines Verkäufers 1 674,40 €.

a) Berechnen Sie die Gehaltserhöhung in Euro.

....

b) Wie hoch war sein vorheriges Gehalt?

....

80. Nach einer Erhöhung von 7,5 % beträgt der Preis der Monatskarte der Straßenbahn AG 70,95 €.

a) Wie hoch war der Preis vor der Erhöhung?

....

b) Wie viel Euro betrug die Steigerung?

....

81. Eine Verkäuferin kauft sich ein Fernsehgerät. Da sie Ratenzahlung bevorzugt, zahlt sie 1 169,37 €; dieser Preis beinhaltet einen Aufschlag von 6,5 %. Wie hoch ist der Barpreis des Fernsehgeräts?

....

82. Die Mietnebenkosten der Familie Wiener sind in diesem Jahr um 7 % auf 1 926,00 € gestiegen.

a) Wie hoch waren im vergangenen Jahr die Mietnebenkosten?

....

b) Wie viel Euro betrug die Steigerung?

....

5908156

Situation
Erarbeitung
Zusatz
Forder

83. Wie hoch ist die in den folgenden Beträgen enthaltene Umsatzsteuer von 19 %?

Betrag in €	Umsatzsteuer 19 % in €
a) 174,00	
b) 290,00	
c) 145,00	
d) 104,40	
e) 56,84	
f) 87,00	

84. Wie hoch ist die in den folgenden Beträgen enthaltene USt von 7 %?

Betrag in €	Umsatzsteuer 7 % in €
a) 74,90	
b) 69,55	
c) 92,02	
d) 112,35	
e) 142,31	
f) 136,96	

85. Die Miete einer EDV-Anlage stieg im vorigen Jahr um 8 %. Gegenwärtig beträgt sie 13 392,00 €. Wie viel Euro mussten vor der Erhöhung bezahlt werden?

....

86. Der Kurs einer Aktie fiel um 16 % auf 33,60 €.

a) Wie hoch war der Kurs vorher?

....

b) Wie viel Euro beträgt der Kursverlust?

....

Berechnung des verminderten Grundwertes

87. Ein Rentner erhält 63 % seines letzten Monatsgehalts als Rente. Wie hoch war sein Gehalt, wenn seine Rente 913,50 € beträgt?

....

88. Der Umsatz eines Einzelhandelsunternehmens verminderte sich im vorigen Jahr um 12 % und beträgt nun 316 800,00 €. Um wie viel Euro verminderte sich der Umsatz?

....

89. Eine Verkäuferin erhält ein Nettogehalt von 1 005,00 €. Wie hoch ist ihr Bruttogehalt, wenn die Abzüge 40 % betragen?

....

90. Eine Rechnung wurde unter Abzug von 3 % Skonto mit 1 542,30 € beglichen. Über welchen Betrag lautete die ursprüngliche Rechnung?

....

Situation
Erarbeitung
Zusatz
Forder

91. Der Umsatz eines Einzelhändlers lag im April 8 % unter den Einnahmen im März. Der Umsatz im April betrug 15 456,00 €. Wie hoch war der Umsatz des Einzelhändlers im März?

....

92. Nach Abzug von 30 % Aktionsrabatt beträgt der Preis 105,00 €.

a) Wie hoch war der ursprüngliche Preis?

....

b) Wie hoch war der Preisnachlass in €?

....

93. Die Renovierung der Geschäftsräume kostete 12 160,00 €. Der Kostenvoranschlag wurde um 5 % unterschritten. Über wie viel Euro lautete der Kostenvoranschlag?

....

94. Durch eine Reduzierung der Arbeitszeit wurde das Gehalt einer Verkäuferin um 20 % gesenkt. Es beträgt jetzt 980,00 €. Wie hoch war das Gehalt vor der Arbeitszeitreduzierung?

....

95. Nach Rückzahlung von 15 % der Darlehensschulden beträgt die Darlehensschuld jetzt 76 500,00 €. Wie hoch war der ursprüngliche Rückzahlungsbetrag?

....

96. Jens Müller soll zur bestandenen Prüfung zum Einzelhandelskaufmann von den Mitarbeitern des Unternehmens ein Geschenk erhalten:

- Azubi Sandra gibt 4 %,
- Azubi Florian gibt 4 %,
- Azubi Marc gibt 4 %,
- Sekretärin Frau Wagner gibt 8 %,
- Verkäuferin Julia gibt 16 %,
- Verkäufer Frank gibt 16 %,
- Einkaufsleiter Theis gibt 16 % und
- Geschäftsführer Schöne gibt 61,60 €.

Wie teuer ist das Geschenk nach Abzug von 2 % Skonto?

....

....

Anwendung der Prozentrechnung in der Praxis

97. Berechnen Sie den Nettopreis folgender Gegenstände, wenn Rabatt und Skonto ausgenutzt werden:

Gegenstand	Listenpreis in €	Rabatt in %	Skonto in %	Umsatzsteuer in %	Nettopreis in €
a) Drehstuhl	800,00	15	1,5	19	
b) Mobiltelefon	680,00	25	2,0	19	
c) Aktenvernichter	560,00	30	3,0	19	
d) Schreibtisch	1 390,00	10	3,0	19	
e) Rollschrank	890,00	20	2,5	19	

98. Berechnen Sie den Listeneinkaufspreis (ohne Berücksichtigung der USt), wenn dem Einzelhändler Rabatt gewährt wurde und er Skonto ausnutzte.

Rabatt in %	Skonto in %	Bareinkaufspreis in €	Listenpreis in €
a) 5,0	3,0	2672,35	
b) 7,5	2,5	3246,75	
c) 30,0	2,0	3361,40	
d) 25,0	2,0	660,03	
e) 10,0	1,0	1773,09	

99. Der Wert eines Bauplatzes stieg vor 5 Jahren um 20 % und vor einem Jahr noch einmal um 10 %. Wie teuer war der Bauplatz ursprünglich, wenn er heute 105600,00 € kostet?

....

100. Ein Einzelhändler erhält eine Rechnung über 2990,00 €. Er begleicht diese Rechnung unter Abzug von 10 % Rabatt vom Rechnungsbetrag und 3 % Skonto vom Restwert. Wie viel Euro zahlt der Einzelhändler?

....

101. Die Büro GmbH gewährt einem Käufer auf eine Rechnung über 3490,00 € 25 % Rabatt und 2 % Skonto. Wie viel Euro zahlt der Käufer unter Ausnutzung von Rabatt und Skonto?

....

102. Ermitteln Sie aus folgenden Angeboten über einen Computer das günstigste:

- Angebot 1: Listenpreis 2675,00 €; 15 % Rabatt, 2 % Skonto
- Angebot 2: Listenpreis 2595,00 €; 10 % Rabatt, 3 % Skonto

....

103. Frau Graziano kauft einen Laserdrucker. Der Listenpreis beträgt 1300,00 €. Sie erhält 10 % Rabatt und 2 % Skonto. Wie hoch ist der zu überweisende Betrag, wenn 19 % Umsatzsteuer berücksichtigt werden?

....

104. Frau Graziano bezahlt eine Rechnung unter Abzug von 8 % Rabatt und 3 % Skonto mit 10407,17 € einschließlich 19 % Umsatzsteuer.

a) Wie viel Euro beträgt die Umsatzsteuer?

....

b) Wie viel Euro Skonto konnte Frau Graziano vom Rechnungsbetrag abziehen?

....

c) Wie viel Euro hätte Frau Graziano ohne Abzug von Skonto zahlen müssen?

....

d) Wie viel Euro Rabatt konnte Frau Graziano abziehen?

....

e) Wie hoch war der ursprüngliche Listenpreis?

....

Forderaufgaben

1. Im Welt-Laden werden die in der Tabelle dargestellten Umsatzzahlen ermittelt.

KW	13	14	15	16	17	18	19
Umsatz	4850,00 €	5300,00 €	4950,00 €	5100,00 €	5240,00 €	5260,00 €	5800,00 €

a) Berechnen Sie die durchschnittlichen Umsatzerlöse pro Woche.

b) Berechnen Sie, welchen Wert die Umsatzerlöse in der KW 20 erreichen müssen, um in den Wochen KW 13 bis KW 20 einen Durchschnittswert von 5300,00 € zu erreichen.

2. In den Wochen KW 13 bis KW 19 gibt es verschiedene Feiertage, an denen der Welt-Laden geschlossen ist. Die verkaufsoffenen Tage sind in der folgenden Tabelle vermerkt.

KW	13	14	15	16	17	18	19
Umsatz in €	4850,00	5300,00	4950,00	5100,00	5240,00	5260,00	5800,00
Verkaufstage	4	4	5	5	5	4	5

Bei der Berechnung des durchschnittlichen Umsatzes soll diese Ungleichheit berücksichtigt werden, indem die Werte der Wochen mit weniger verkaufsoffenen Tagen eine höhere Gewichtung bekommen. Das Gewicht wird so bestimmt, dass von den Wochentagen die Zahl der verkaufsoffenen Tage abgezogen wird.

a) Berechnen Sie den durchschnittlichen Umsatz, wenn man von 7 Kalendertagen ausgeht.

b) Berechnen Sie den durchschnittlichen Umsatz, wenn man von 6 verkaufsoffenen Tagen ausgeht.

Situation
Erarbeitung
Zusatz
Forder

3. Ein Süßwarenhersteller bietet eine Fruchtgummimischung mit drei unterschiedlichen Geschmacksrichtungen an. In einer Tüte sind die Sorten Ananas (35 %), Birne (55 %) und Cranberry (10 %). In einer Tüte sind 320 g. Die Kosten für jeweils ein Kilogramm der Sorten betragen für Ananas 4,75 €, für Birne 2,95 € und für Cranberry 5,20 €.

a) Berechnen Sie, zu welchem Preis eine Tüte verkauft werden kann, wenn für die Verpackung 0,15 € berechnet und pro Tüte mit einem Gewinnzuschlag von 15 % gerechnet wird.

b) Berechnen Sie, um wie viel Prozent der Verkaufspreis erhöht werden muss, wenn der Preis für Cranberry um 20 % steigt.

c) Prüfen Sie, ob eine Preiserhöhung unter den folgenden Voraussetzungen verhindert werden kann:

- Mischungsverhältnis wird geändert.
- Das Füllgewicht der Tüte bleibt bei 320 g.
- Der Anteil Cranberry soll möglichst hoch sein.

Situation
Erarbeitung
Zusatz
Forder

4 Waren präsentieren

Lernsituation: Planung und Gestaltung von Schaufenstern

Situation

Die Ausbildungsleiterin im Sporthaus „Sport-Punkt“ möchte die neuen Auszubildenden frühzeitig für die Planung der Warenpräsentation gewinnen. Sie ist davon überzeugt, dass die neuen Azubis frische und kreative Ideen mit einbringen können. Insgesamt stehen drei Schaufenster zur Verfügung. Sie beauftragt daher ihre Auszubildenden, zunächst Vorschläge für die mögliche Gestaltung von Schaufenstern zu machen. Im kommenden Jahr plant „Sport-Punkt“, im Januar, April, Juni, September und November die Schaufenster neu zu dekorieren.

Arbeitsaufträge

1. Betrachten Sie die in den Abbildungen dargestellten Schaufenster.

a) Beschreiben Sie stichpunktartig die jeweiligen Merkmale.

b) Ordnen Sie die angegebenen Schaufenstertypen dem jeweiligen Schaufenster zu.
Stapelfenster/Themenfenster/Übersichtsfenster

Schaufenster	Beschreibung	Schaufenstertyp

2. Ergänzen Sie die Tabelle, indem Sie Themen- und Dekorationsvorschläge machen.

Monat	Schaufensterthema	Dekorationsideen
Januar		
April		
Juni		
September		
November		

3. Entscheiden Sie sich für ein Schaufensterthema. Erstellen Sie dazu einen Aktionsplan mit Skizze nach der angegebenen Struktur.

Aktionsplan mit Skizze	
Thema der Schaufensterdekoration	
Ausgewählte Waren für die Dekoration	
Welcher Schaufenstertyp wird gewählt?	
Welche Warenaufbauten stehen zur Verfügung/werden ausgewählt?	
Welches Dekorationsmaterial soll verwendet werden?	
Wie sollen die Waren im Schaufenster angeordnet werden?	
Skizze	

4. Zur Beurteilung eines Schaufensters ist es sehr hilfreich, eine Checkliste anzulegen. In dieser Checkliste werden alle Kriterien eines ansprechenden und einladenden Schaufensters aufgeführt. Erstellen Sie eine Checkliste für die Beurteilung von Schaufenstern.

Beurteilung von Schaufenstern – Checkliste				
Kriterium	Beurteilung			
	++	+	–	––

4.1 Grundüberlegungen für die Warenpräsentation

Erarbeitungsaufgaben

1. Verkaufsformen und Warenpräsentation

a) Ordnen Sie den drei Beispielen die jeweils beschriebene Verkaufsform zu.

b) Nennen Sie jeweils die Strategie der Ladengestaltung, die bei der genannten Verkaufsform am häufigsten zu finden ist.

c) Nennen Sie die jeweils entgegengesetzte Strategie zur Ladengestaltung und beschreiben Sie ein mögliches Beispiel.

Beispiel	Tom Bischoff und sein Vater gehen in ein Schmuckgeschäft, um Toms Mutter eine Kette zum 50. Geburtstag auszusuchen. Sie werden sofort bedient, außerdem bietet man ihnen einen Sitzplatz an. Nachdem sie sich für eine Kette entschieden haben, packt die Verkäuferin sie als hochwertiges Geschenk ein.	Für die anstehende Geburtstagsfeier seiner Mutter soll Tom sich noch etwas zum Anziehen kaufen. Da er noch keine richtige Idee hat, schaut er sich die Wand- und Podestdekorationen in einem Textilkaufhaus an. Eine Verkäuferin in seiner Nähe schaut ihn freundlich an.	Nun benötigt Tom nur noch etwas für sein Abendbrot. Da er vergessen hat, seine Einkäufe aus seinem Ausbildungsbetrieb mit nach Hause zu nehmen, geht er noch schnell in den Supermarkt vor seinem Haus und kauft sich eine Pizza und etwas zu trinken.
a) Verkaufsform			
b) vorherrschende Strategie zur Ladengestaltung			
c) Beschreibung eines Gegenbeispiels			

2. Der Inhaber des Supermarktes brutto=netto OHG überlegt, ob er sich bei der Präsentation seiner Waren für eine Erlebnisstrategie entscheiden sollte. Nennen Sie jeweils zwei Gründe, die dafür bzw. dagegen sprechen könnten.

Erlebnisstrategie für die brutto=netto OHG	
dafür spricht:	dagegen spricht:

Situation
Erarbeitung
Zusatz
Forder

4.2 Außengestaltung des Geschäfts

Erarbeitungsaufgaben

1. Vergleichen Sie den Eingang zu Ihrer Wohnung mit dem Eingang zu Ihrem Ausbildungsbetrieb.

a) Erläutern Sie die Unterschiede und nennen Sie Gründe dafür.

	Unterschiede	**Gründe**
Eingang Wohnung		
Eingang Einzelhandelsbetrieb		

b) Nennen Sie die Gestaltungselemente, die zur Fassade eines Einzelhandelsgeschäfts gehören.

....

2. Die Filialbetriebe großer Handelsunternehmen können in ganz Deutschland wiedererkannt werden.

a) Erläutern und begründen Sie, an welchen Gestaltungselementen Sie diese Filialbetriebe erkennen?

....

....

b) Erläutern Sie die Bedeutung eines Firmenlogos bzw. -schriftzugs.

....

....

....

3. Betrachten Sie den auf der Abbildung dargestellten Eingangsbereich eines Geschäfts. Der neue Inhaber des Geschäfts möchte den Eingangsbereich freundlicher und attraktiver gestalten.

a) Nennen Sie zwei Funktionen eines Eingangsbereichs.

....

....

....

....

....

....

....

b) Nennen Sie drei Gestaltungselemente eines Eingangsbereichs.

....

c) Erläutern Sie, wie der Eingangsbereich aus sicherheitstechnischen Gründen gestaltet sein sollte.

....

....

Situation
Erarbeitung
Zusatz
Forder

d) Empfehlen Sie dem neuen Ladeninhaber Maßnahmen zur Umgestaltung des Eingangsbereichs.

....

....

....

4. Der Geschäftsführer vom Lebensmittel-Supermarkt brutto=netto OHG sagt: „Ich brauche keine Schaufenster. Mich kennen die Kunden!"

a) Nennen Sie Geschäfte, die keine Schaufenster haben.

....

....

b) Erläutern Sie mögliche Gründe, warum die unter a) genannten Geschäfte auf Schaufenster verzichten.

....

....

c) Nennen Sie drei Funktionen eines Schaufensters.

....

....

d) Erläutern Sie drei Kriterien für eine zweckmäßige und ansprechende Schaufenstergestaltung.

....

....

....

....

5. Im Folgenden sind Anlässe zur Gestaltung eines Schaufensters genannt. Nennen und erläutern Sie, welchen Schaufenstertyp Sie jeweils gestalten würden.

Gestaltungsanlass	Schaufenstertyp
a) Die olympischen Winterspiele finden in Kürze statt.	
b) Bald beginnt ein neues Schuljahr.	
c) Die Eröffnung einer neuen Warenhausabteilung steht bevor.	
d) Das neue Herbstsortiment ist eingetroffen	
e) Die von den Kunden lang ersehnte neue Version eines technischen Geräts ist auf dem Markt.	
f) Es werden erstmals Artikel eines Markenherstellers angeboten, der bislang noch nicht geführt wurde.	

6. Erkundungsauftrag: Beurteilen Sie Schaufenster in Ihrer näheren Umgebung. Bearbeiten Sie die folgenden Arbeitsaufträge in Gruppen.

a) Suchen Sie im Internet nach einer Checkliste für Schaufenster (z. B. bei www.handelswissen.de). Suchen Sie aus dieser Liste sieben Kriterien heraus, die Ihnen für die Beurteilung von Schaufenstern wichtig erscheinen und halten Sie diese in einem Beobachtungsbogen fest.

b) Gehen Sie auf eine Erkundigungstour durch Ihre Stadt und beurteilen Sie Schaufenster nach den gewählten Kriterien. Machen Sie während der Erkundung gegebenenfalls Fotos oder Skizzen.

d) Wählen Sie zwei eher positive und zwei eher negative Beispiele aus.

e) Präsentieren Sie Ihr Ergebnis in Ihrer Klasse.

7. Erstellen Sie Name, Schriftzug und Logo für die folgenden Einzelhandelsbetriebe.

Einzelhandelsbetrieb	Vorschlag für Name, Schriftzug und Logo
a) ein Sportfachgeschäft	
b) eine Metzgerei	
c) eine Boutique für Damenoberbekleidung	

4.1–4.2 Warenpräsentation und Außengestaltung

Zusatzaufgaben

1. Es lassen sich zwei Grundprinzipien der Außengestaltung unterscheiden.

a) Nennen und erläutern Sie die beiden Grundprinzipien.

....

....

....

....

b) Geben Sie für die beschriebenen Geschäfte jeweils das zutreffende Grundprinzip an.

Einzelhandelsgeschäft	Grundprinzip der Außengestaltung
Ein Konditoreigeschäft hat eine elegante Fassaden- und Schaufenstergestaltung und lädt durch eine liebevoll gestaltete Tafel zu Kostproben ein.	
Im Schaufenster eines Händlers für neue und gebrauchte Mobiltelefone liegen etliche Modelle in jeweils zahlreichen Ausführungen, die er zum Kauf anbietet.	
Ein Bau- und Gartenmarkt verzichtet auf die regelmäßige Neugestaltung von Schaufenstern und stellt in seinem Eingangsbereich Schilder mit der Aufschrift „– 20 %" auf.	
Ein Damenschuhgeschäft empfängt mit gedämpfter Musik im Eingangsbereich und Schaufenstern, in denen auf großer Fläche wenige Schuhpaare präsentiert werden.	

2. Nennen Sie drei Elemente der Fassadengestaltung des Einzelhandelsgeschäfts.

....

3. Erläutern Sie, wie der Eingangsbereich eines Kaufhauses gestaltet sein sollte.

....

....

4. Erläutern Sie, warum das Schaufenster für den Einzelhändler von großer Bedeutung ist.

....

....

5. Nennen und erläutern Sie vier Schaufenstertypen.

Schaufenstertypen	Erläuterung

Situation
Erarbeitung
Zusatz
Forder

6. Erläutern Sie, welche Schaufenstertypen sich nach der Bauweise des Geschäfts unterscheiden lassen.

....

....

....

....

....

7. Nennen Sie drei Fragen, die bei der Planung einer Schaufensterdekoration beantwortet werden sollten.

....

....

....

Forderaufgaben

1. Erkunden Sie, wer in den Geschäften Ihrer Umgebung die Schaufenster gestaltet. Machen Sie eine Umfrage in zehn Geschäften möglichst verschiedener Art (Supermarkt, Parfümerie, Textilkaufhaus, Discounter).

   a) Überlegen Sie sich, welche Fragen Sie in den Geschäften stellen möchten und wer diese möglichst beantworten sollte. Bereiten Sie einen Fragebogen vor.

   b) Führen Sie die Umfrage durch. Beachten Sie, dass Sie am besten allein oder zu zweit in ein Geschäft gehen, um den Verkauf dort nicht zu stören.

   c) Werten Sie Ihre Umfrage aus und präsentieren Sie Ihre Ergebnisse in Form eines Vortrags oder eines Plakats.
      - Wer gestaltet die Schaufenster selbst? Warum?
      - Wer lässt seine Schaufenster von betriebsfremden Personen gestalten? Von wem?

   d) Stellen Sie einen Beruf vor, der sich mit der Gestaltung von Schaufenstern beschäftigt. Nennen Sie die Tätigkeitsschwerpunkte.

2. Gestalten Sie ein Schaufenster im Kleinformat.

   a) Wählen Sie eine Branche und ein Thema.

   b) Skizzieren Sie Ihre Planung.

   c) Besorgen Sie sich einen Schuhkarton als Schaufenster und die notwendigen Materialien zur Gestaltung.

   d) Präsentieren Sie Ihr Ergebnis und erläutern Sie dabei Ziele und Ihre Herangehensweise.

Hinweis: Die Autoren würden sich freuen, wenn Sie ein Foto Ihres Schaufensters im Schuhkarton an den Verlag schicken und wir dieses auf unserer Homepage veröffentlichen dürfen.

service@winklers.de, Stichwort: BN 5908, Schuhkarton

4.3 Gestaltung der Verkaufsräume

Erarbeitungsaufgaben

1. Entscheiden Sie, ob die folgenden Beispiele eine kundengerechte **K**, eine warengerechte **W** bzw. eine verkaufsgerechte **V** Präsentation der Waren beschreiben.

a) Im Dezember wird in einem Lebensmittelfachgeschäft auf einem Tisch alles präsentiert, was man zum Zubereiten eines Winterpunschs benötigt: Orangen, Wein, Tee, Rezeptvorschläge. Auch bereits in Flaschen abgefüllter Glühwein wird angeboten. ☐

b) Die Gänge eines großen Verbrauchermarktes sind mit großen Schildern gestaltet, auf denen steht, welche Warengruppen wo zu finden sind. ☐

c) Die Outdoor-Abteilung eines großen Warenhauses hat ein Zelt aufgebaut und ringsum viele Waren platziert, die man beim Zelten gebrauchen kann. ☐

d) Ein Bekleidungsgeschäft für Damen lädt an einem Freitagabend zu einem Sektempfang und einer Modenschau ein, in der in angenehmer Atmosphäre die neuesten Kleider präsentiert werden sollen. ☐

2. Visual Merchandising

a) Erklären Sie den Begriff Visual Merchandising.

....

....

b) Nennen Sie drei Ziele des Visual Merchandising.

....

....

....

c) Nennen und beschreiben Sie, welche Elemente der Raumgestaltung beim Visual Merchandising berücksichtigt werden sollten.

....

....

....

....

3. Ein Sportgeschäft bereitet die kommende Wintersaison vor. Es soll auf das Sortiment der Snowboards aufmerksam gemacht werden. Dafür soll ein Fascination-Point eingerichtet werden.

a) Erläutern Sie den Begriff Fascination-Point.

....

....

b) Der Inhaber möchte einen Fascination-Point einrichten. Geben Sie ihm dabei Planungshilfe und machen Sie einen Vorschlag.

....

....

....

....

Situation
Erarbeitung
Zusatz
Forder

c) Machen Sie Vorschläge für die Verwendung weiterer Gestaltungselemente, siehe folgende Tabelle, und begründen Sie Ihre Vorschläge.

	Gestaltungsvorschläge	Begründung
Beleuchtung		
Musik		
Fußboden		
Wand und Decken		

d) Der Grundriss zeigt drei Möglichkeiten, an welchem Ort im Verkaufsladen der Fascination-Point platziert werden kann. Beurteilen Sie die drei Möglichkeiten und wählen Sie die beste aus.

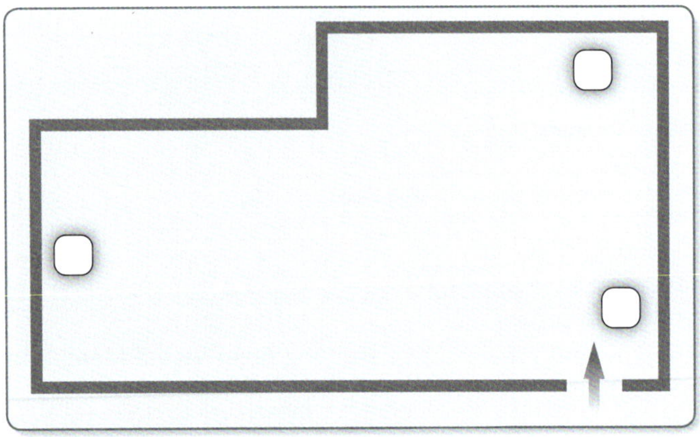

Platzierung Fascination-Point	Beurteilung
(1) oben rechts	
(2) Mitte links	
(3) am Eingang	

e) Überlegen Sie, ob es im gezeigten Grundriss eine Variante für die Aufstellung des Fascination-Points gibt, die noch günstiger als die bereits eingezeichneten Möglichkeiten ist.

....

....

....

4. Betrachten Sie den in der Abbildung dargestellten Verkaufsraum.

a) Zeichnen Sie den Kundenlauf ein.

b) Kennzeichnen Sie die umsatzstarken Verkaufszonen mit grüner Farbe und die umsatzschwachen Verkaufszonen mit roter Farbe. Begründen Sie Ihre Ergebnisse in der folgenden Tabelle

c) Schlagen Sie Maßnahmen zur Aufwertung der umsatzschwachen Zonen vor.

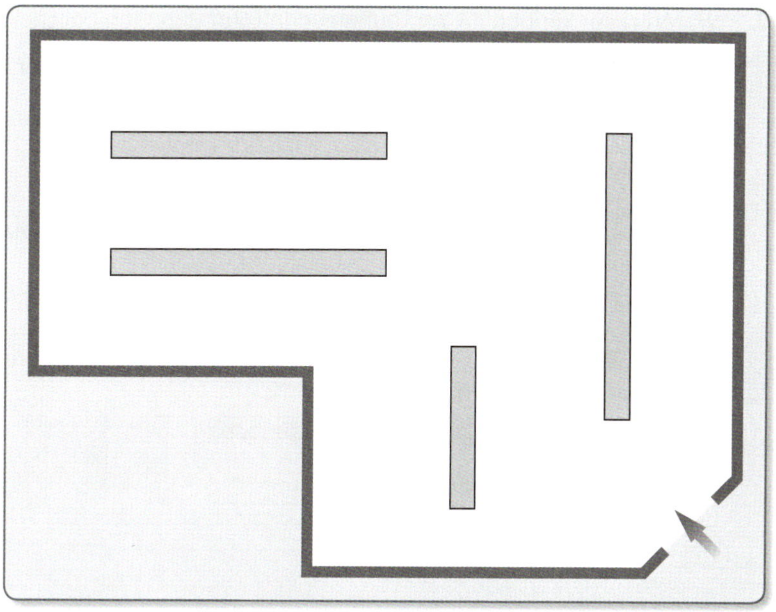

Verkaufszone	**umsatzstark**	**umsatzschwach**
Begründung		

5. Farben haben unterschiedliche Wirkungen. Erläutern Sie die unterschiedlichen Aufgaben von Farben auf die Wand- und Deckengestaltung, auf die Fußbodengestaltung und auf die Beleuchtung.

Aufgaben von Farben bei der ...		
Wand- und Deckengestaltung	Fußbodengestaltung	Beleuchtung

6. Erläutern Sie, warum Düfte ein wichtiges Gestaltungsmerkmal für den Verkaufsraum sind. Nennen Sie zwei Beispiele.

....

....

....

....

Situation
Erarbeitung
Zusatz
Forder

7. Warenträger können im Verkaufsgeschäft auf unterschiedliche Weise angeordnet werden.

a) Skizzieren Sie die drei genannten Anordnungsprinzipien der Warenträger.

b) Erläutern Sie die jeweiligen Vor- und Nachteile der Anordnungsprinzipien.

c) Nennen Sie mögliche Einsatzbereiche.

Anordnungsprinzip		**Längsplatzierung**	**Querplatzierung**	**Schrägplatzierung**
a)	Skizze		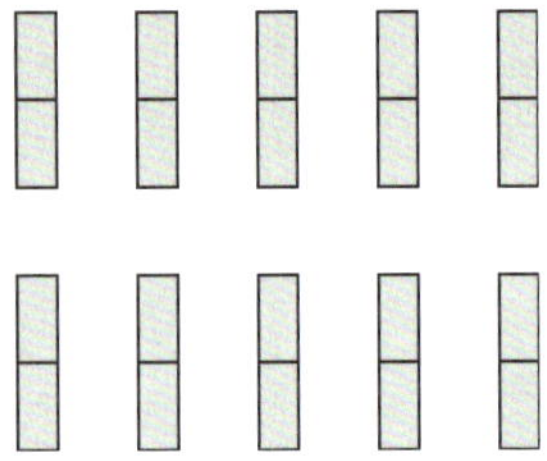	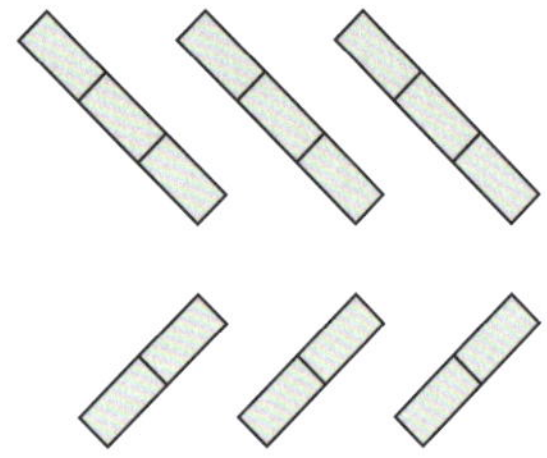
b)	Vorteile			
	Nachteile			
c)	Einsatzbereich			

8. Erläutern Sie, welche Anforderungen Warenträger zu erfüllen haben.

....

....

9. Ordnen Sie Warenträger den richtigen Aussagen zu. Tragen Sie die entsprechende Ziffer in das Kästchen ein.

Warenträger	
1	Displays
2	Mittelregale
3	Podeste
4	Ständer
5	Tische
6	Vitrinen
7	Wandregale

	Aussage
	sind z. B. Warenhalter aus Pappe, die oft eigens vom Hersteller zur Präsentation seiner Waren zur Verfügung gestellt werden.
	werden auch Gondeln genannt.
	sind die am häufigsten anzutreffenden Warenträger.
	schützen die Waren vor Staub und Diebstahl.
	sind vor allem im Textilfachhandel zu finden.
	können Waren hervorheben, indem sie diese in Augenhöhe präsentieren.
	verschaffen einen guten Überblick über meist kleinteilige und preiswerte Ware.

10. Erstellen Sie ein Plakat zum Thema „Warenträger im Einzelhandel“. Entnehmen Sie Bilder aus Zeitschriften, Zeitungen, Prospekten oder dem Internet.

Situation
Erarbeitung
Zusatz
Forder

11. Wählen Sie drei Warenarten Ihres Ausbildungsbetriebs und erläutern Sie, welche Warenträger Ihrer Meinung nach am besten zur Präsentation dieser Warenarten geeignet sind. Begründen Sie Ihre Vorschläge.

Warenart	Warenträger	Begründung

12. Erläutern Sie die folgenden Begriffe.

Begriff	Erläuterung
a) Kundenlaufstudie	
b) Kundenführung	
c) Kundenleitsystem	

13. Es gibt drei grundsätzliche Möglichkeiten, Warenträger anzuordnen.

a) Erläutern Sie die Unterschiede zwischen Längs- und Querplatzierung.

Längsplatzierung	Querplatzierung

b) Nennen und beschreiben Sie die dritte Möglichkeit der Anordnung von Warenträgern.

....

14. Erklären Sie eine Verbundplatzierung.

....

....

15. Nennen Sie drei verkaufsschwache Zonen. Begründen Sie die jeweilige Problematik und nennen Sie Maßnahmen zu deren Aufwertung.

verkaufsschwache Zone	Problem	Maßnahme zur Aufwertung

16. Erläutern Sie das Arena-Prinzip an einem selbstgewählten Beispiel.

....

....

....

17. Nennen und skizzieren Sie drei weitere Möglichkeiten der Regalanordnung.

Regalanordnung	Skizze

18. Es werden vier Regalzonen unterschieden.

a) Nennen Sie die vier Regalzonen.

b) Vergeben Sie die Schulnoten 1 bis 4, um die Wertigkeit der einzelnen Zonen zu beurteilen.

c) Nennen Sie für jede Regalzone zwei Beispiele für Artikel, die dort optimal platziert werden können.

a) Regalzone	b) Schulnoten	c) Artikel

19. Erkundungsauftrag: Beurteilen Sie die Gestaltung von Einzelhandelsgeschäften in Ihrer näheren Umgebung. Arbeiten Sie in Gruppen.

a) Wählen Sie sich ein Geschäft aus und überlegen Sie, welche Vorbereitungen Sie für die Erkundung treffen müssen. Erledigen Sie diese Vorarbeiten gemeinsam bzw. arbeitsteilig.

b) Skizzieren Sie den Grundriss des Ladens und prüfen Sie, wie der Verkaufsraum aufgeteilt ist.

c) Tragen Sie die Platzierung der Warenträger in den Grundriss ein und notieren Sie grob, wo der Kunde welches Warensortiment findet.

d) Beobachten Sie, wie der Kunde durch den Verkaufsraum geführt wird.

e) Stellen Sie Ihre Ergebnisse auf einem Plakat vor.

Zusatzaufgaben

1. Erklären Sie den Unterschied zwischen Warenpräsentation und Warenplatzierung.

2. Erläutern Sie den Begriff Visual Merchandising.

3. Nennen Sie Maßnahmen, die der Einzelhändler im Hinblick auf Verkaufsraumgestaltung und Warenpräsentation in Betracht ziehen kann.

4. Erläutern Sie die Wirkung der Farben rot und grau.

Farbe	rot	grau
positive Wirkung		
negative Wirkung		

5. Zur Präsentation seiner Waren stehen dem Einzelhändler vielfältige Warenträger zur Verfügung.

a) Nennen Sie fünf Warenträger.

b) Entscheiden und begründen Sie, welche Warenträger Sie für die folgenden Waren einsetzen würden.

Waren	**Wahl des Warenträgers und Begründung**
Winterjacken in einem Geschäft für Damenmode	
hochwertige Radioanlagen in einem Fachgeschäft	
frische Backwaren in einem Konditoreifachgeschäft	
Armbanduhren in einem Markt für Lebensmittel und andere Dinge des täglichen Bedarfs	
48-teiliges Geschirrservice in einem Haushaltswarenfachgeschäft	

Situation
Erarbeitung
Zusatz
Forder

6. Durch Kundenlaufstudien kann ein Einzelhändler feststellen, welche Ladenbereiche verkaufsschwach, welche verkaufsstark sind.

a) Nennen Sie jeweils drei Beispiele für beide Bereiche.

b) Beschreiben Sie die Platzierungsstrategien, die der Einzelhändler für die Zonen nutzen sollte.

	verkaufsschwache Zonen	verkaufsstarke Zonen
a) Beispiele		
b) Platzierungs-strategie		

7. Platzierung von Waren im Verkaufsraum

a) Nennen und erläutern Sie die Platzierungen, die nach der Anordnung der Warenträger im Verkaufsraum möglich sind.

....

....

....

....

b) Nennen und erläutern Sie die Platzierungen, die nach der Anordnung der Ware in einem Regal möglich sind.

....

....

....

....

c) Nennen und erläutern Sie Verkaufszonen eines Regals.

....

....

....

....

8. Erläutern Sie die Begriffe Verbundplatzierung und Zweitplatzierung. Beschreiben Sie jeweils ein Beispiel aus Ihrem Ausbildungsbetrieb.

	Verbundplatzierung	Zweitplatzierung
Erläuterung		
Beispiel		

4.4 Warenkennzeichnung und Preisauszeichnung

Erarbeitungsaufgaben

1. Das Sporthaus Sport-Punkt GmbH hat den Beschwerdebrief eines Kunden erhalten. Die Inhaberin überreicht Ihnen den Brief und bittet Sie, ihr zu helfen.

Beschwerde

Sehr geehrte Damen und Herren,

als langjähriger Kunde Ihres Geschäfts – ich spiele leidenschaftlich Golf – bin ich bisher mit Ihrem Angebot und Ihren Serviceleistungen immer sehr zufrieden gewesen. Für die vielen Hinweise Ihres sachkundigen Personals bin ich besonders dankbar. Daher fühle ich mich verpflichtet, Ihnen folgende Ärgernisse der letzten Zeit mitzuteilen.

Die von Ihnen im Schaufenster ausgestellten Artikel haben meist so kleine Preisschilder, dass ich gar nicht erkennen kann, wie viel sie nun kosten. Trotz meiner Brille kann ich nichts lesen. Das finde ich sehr ärgerlich.

In der Golfabteilung bieten Sie Poloshirts für 60,00 € an. Habe ich nach langem Anprobieren ein passendes Poloshirt für mich gefunden, gehe ich zur Kasse und bin mehr als überrascht, dass die Kasse nunmehr 120,00 € anzeigt.

Ich bin sicher, es ist auch in Ihrem Interesse, wenn der Kunde zufrieden Ihr Geschäft verlässt. Mein Schwager, der beim Ordnungsamt der Stadt arbeitet, meinte übrigens, als ich ihm diese Vorfälle kürzlich schilderte, vielleicht müsse er mal bei Ihnen vorbeischauen. Ich habe ihm versichert, Sie würden diese Missstände so bald wie möglich abstellen.

Über eine Antwort Ihres Hauses würde ich mich sehr freuen.

Ihr Manfred Degenhardt

a) Erläutern Sie, welche Fehler die Sport-Punkt GmbH gemacht hat.

....

....

b) Unterbreiten Sie Verbesserungsvorschläge. Beachten Sie dabei die gesetzlichen Regelungen der Preisangabeverordnung sowie die Bedeutung der Kundenbindung.

....

....

c) Formulieren Sie einen Antwortbrief an den Kunden. Entschuldigen Sie sich für die Anlässe zur Beschwerde und unterbreiten Sie ein Versöhnungsangebot.

....

....

....

....

....

....

....

....

....

....

2. Mit der Preisauszeichnung einiger Artikel hat es Probleme gegeben. Überprüfen Sie die folgenden Auszeichnungen von Waren.

a) Versehen Sie ein Auszeichnungsetikett mit **G**, wenn es sich um eine gesetzlich vorgeschriebene Beschriftung handelt. Tragen Sie die **F** ein, wenn es sich um eine freiwillige Angabe handelt.

b) Erläutern Sie am ersten Beispiel, warum das Fachgeschäft freiwillig zusätzliche Angaben aufnimmt.

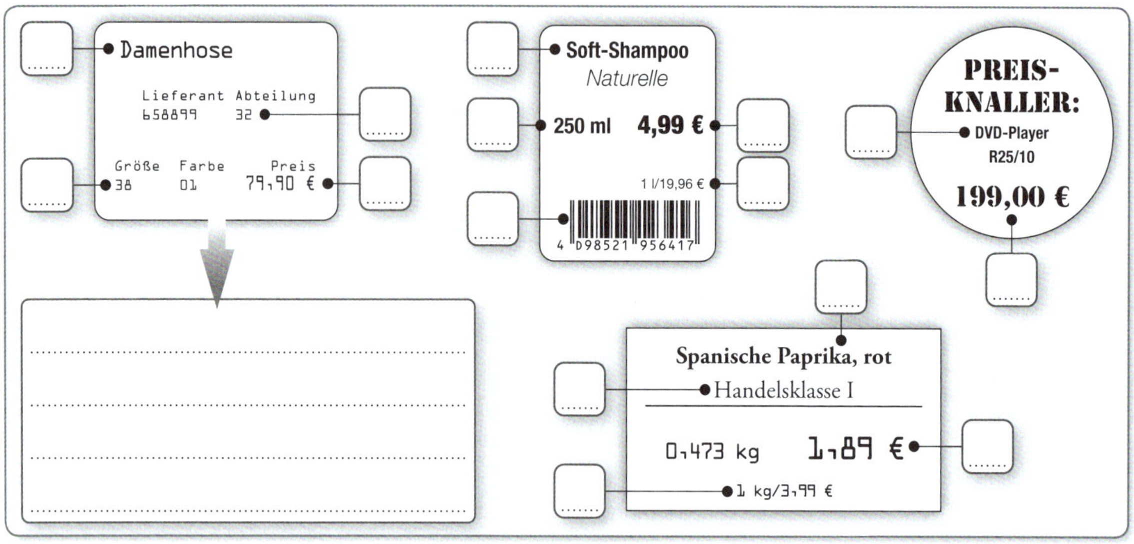

3. Warenkennzeichen

a) Geben Sie jeweils zwei selbstgewählte Beispiele für Gütezeichen, Prüfzeichen, Markenzeichen und Umweltzeichen.

	Beispiele
Gütezeichen	
Prüfzeichen	
Markenzeichen	
Umweltzeichen	

b) Erläutern Sie, warum Gütezeichen, Prüfzeichen oder Umweltzeichen Argumentationshilfen für das Verkaufsgespräch darstellen.

....

....

4. Informieren Sie sich in Ihrem Ausbildungsbetrieb und in Ihrer Branche, welche Warenkennzeichnungen von Bedeutung sind. Führen Sie diese in einer Tabelle auf, erläutern Sie die Bedeutung und die Institution, die das Zeichen vergibt. Präsentieren Sie Ihre Ergebnisse der Klasse.

Warenkennzeichen	Bedeutung	vergebende Institution

Situation
Erarbeitung
Zusatz
Forder

5. Nennen Sie die Angaben, die für die Preisauszeichnung der folgenden Artikel gemäß der PAngV zu machen sind.

Artikel	Auszeichnung laut PAngV
Smartphone	
Orchidee aus dem Treibhaus	
0,75-l-Flasche Rhein-Hessen	
Schrank aus dem frühen 19. Jahrhundert	
Herrensocken	
vier abgepackte Äpfel	

6. Ermitteln Sie jeweils den Grundpreis.

Artikel	Grundpreis
0,75-l-Rhein Hessen für 6,99 €	
150 g Butter für 1,49 €	
vier abgepackte Äpfel (875 g) für 1,74 €	
Terrassenfliese 25 x 25 cm für 4,73 € pro Stück	

Zusatzaufgaben

1. Erläutern Sie, welche Ziele der Gesetzgeber mit der Preisangabenverordnung (PAngV) verfolgt.

....

2. In einem Fachgeschäft für Textilen sollen Pulloverpreise ausgezeichnet werden.

a) Nennen Sie die Kennzeichnungsmerkmale, die gesetzlich vorgeschrieben sind.

....

....

b) Erläutern Sie, welche Kennzeichnungen darüber hinaus für den Einzelhändler sinnvoll sind.

....

....

3. Entscheiden Sie, ob die folgenden Aussagen auf Handelsklassen **H**, Markenzeichen **M**, Gütezeichen **G** oder Prüfzeichen **P** zutreffen und fügen Sie jeweils den richtigen Buchstaben ein.

☐ werden oftmals zusätzlich als Gütezeichen bezeichnet.
☐ kennzeichnen die Waren bestimmter Hersteller und dürfen nur von diesen benutzt werden.
☐ kennzeichnen Waren, die auf die geprüfte Einhaltung von sicherheitsbezogenen Eigenschaften hinweisen sollen.
☐ garantieren dem Kunden eine bestimmte Qualität des Produkts zu.
☐ sind zur Förderung der Qualität und des Absatzes für Landwirtschaft und Fischereierzeugnisse eingeführt worden.
☐ symbolisieren oft ein bestimmtes Image, das durch Werbung geprägt wird.
☐ teilen die Waren in Gruppen mit gleicher Qualität ein.
☐ werden durch die Dachorganisation RAL vergeben und überwacht

4. Nennen Sie jeweils zwei Beispiele für Waren, die der Auszeichnungspflicht unterliegen bzw. nicht unterliegen.

Auszeichnungspflicht gemäß PAngV	keine Auszeichnungspflicht gemäß PAngV

5. Unterscheiden Sie die Begriffe Grundpreis und Endpreis.

....

....

....

....

4.3–4.4 Gestaltung der Verkaufsräume/Warenkennzeichnung und Preisauszeichnung

Forderaufgaben

1. Bernhard Möbius hat es geschafft: In Kürze wird er auf 2 000 m² sein eigenes Geschäft eröffnen, die Wohnparadies Möbius GmbH. Die 2 000 m² verteilen sich auf zwei Etagen. In jeder Etage gehen jeweils 100 m² für den Eingangsbereich bzw. die Treppen ab. Vor dem Haus hat er einen Bereich von 200 m², den er ebenfalls zur Präsentation nutzen kann. Mit seinem Sortiment möchte er sich insbesondere an junge Frauen und Männer wenden, die ihre erste Wohnung einrichten. Zum Sortiment gehören die folgenden Warengruppen, die alle etwa den gleichen Platzbedarf haben werden.
   - Badmöbel
   - Betten
   - Esstische und Stühle
   - Garderoben
   - Gartenmöbel
   - Kleiderschränke
   - Polstermöbel
   - Wohnaccessoires

   a) Erarbeiten Sie einen Vorschlag zur Einrichtung des Kaufhauses. Beachten Sie den Kundenlauf: Der Kunde soll an möglichst vielen Warengruppen entlanggeführt werden.

   b) Skizzieren Sie Ihren Vorschlag auf der nächsten Seite.

   c) Nennen Sie die Warengruppen, die Sie in der der unteren bzw. der oberen Etage platziert haben und begründen Sie jeweils, warum Sie so entschieden haben.

untere Etage	obere Etage

Skizze zu Aufgabe 1 b):

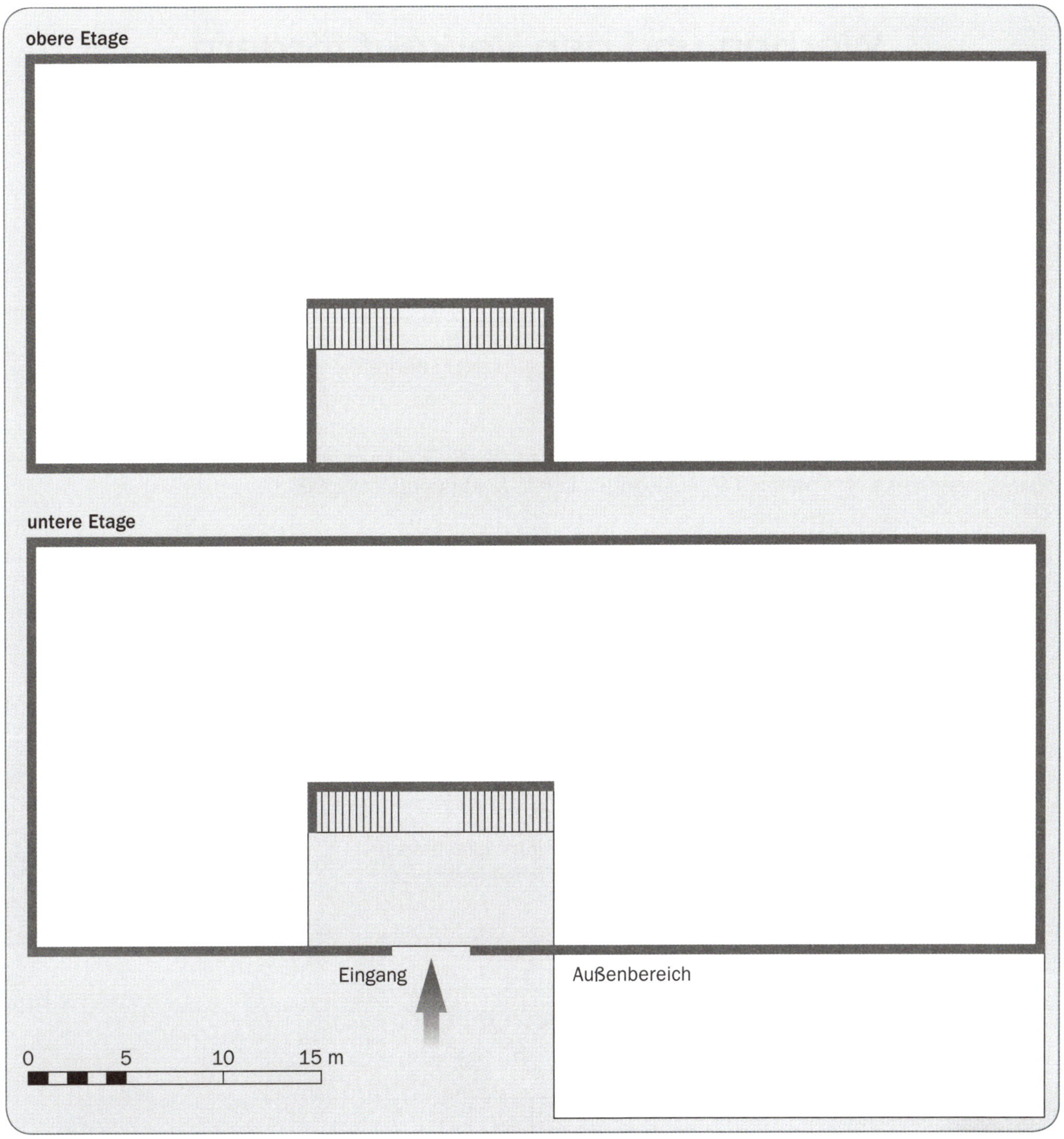

2. Immer wieder wird diskutiert, ob in Deutschland die sogenannte Lebensmittelampel eingeführt werden sollte.

a) Erläutern Sie, was man unter der Lebensmittelampel versteht und welche Bedeutung die Farben haben.

....

....

....

....

b) Bereiten Sie eine Diskussion in der Klasse vor, Thema: „Lebensmittelampel für Deutschland – ja oder nein?“ Wenn Sie die Möglichkeit haben, die Diskussion in einer Gruppe vorzubereiten, verteilen Sie folgende Aufgaben:

- Kurzreferat „Gründe, die für eine Lebensmittelampel sprechen“
- Kurzreferat: „Gründe, die gegen eine Lebensmittelampel sprechen“
- Übernahme der Moderation der Diskussion mit anschließender Zusammenfassung des Ergebnisses

5 Werben und den Verkauf fördern

Lernsituation: Wettbewerb fördert die Werbung

Situation

In einem halben Jahr wird in Altstadt ein großer Verbrauchermarkt sein Geschäft eröffnen. Neben seinem Kernsortiment wird er auch eine Computerabteilung führen, in der er die Kunden mit sehr günstigen Preisen überzeugen möchte.
Trendino plant nun eine große Werbeoffensive. Das Geschäft hat bereits eine Kundenbefragung durchgeführt, um zu erfahren, was den Kunden besonders wichtig ist. Dazu wurde ein Fragebogen verwendet, den 56 Personen ausgefüllt haben. Die Auswertung wurde bereits erstellt (vgl. M 1).

Material

TRENDINO

Computer-Shop GmbH, Altstadt

Ihre Wünsche – unser Auftrag!

Bitte nehmen Sie sich einen Moment Zeit, damit wir in Zukunft noch mehr für Sie tun können. Teilen Sie uns mit, was Ihnen wichtig ist.

Trendino-Angebote	wichtig	unwichtig	weiß nicht	unbekannt
Hol- und Lieferservice	2	5	5	44
Hotline	5	2	0	49
Newsletter	19	3	10	24
Öffnungszeiten	38	3	15	0
Preise	15	10	31	0
Reparatur	42	2	10	2
Verkehrsanbindung	9	9	33	5

Weitere Anregungen:

Kurse für Senioren (16 Personen)

Kaffee und Kekse während der Beratung (1 Person)

M 1 Fragebogen für Kundenumfrage

Arbeitsaufträge

1. Der Geschäftsführer der Trendino Computer-Shop GmbH bittet zunächst, ihm die drei wichtigsten Erkenntnisse aus der Umfrage mitzuteilen. Formulieren Sie die Kernaussagen in ganzen Sätzen.

....

....

....

....

2. Formulieren Sie Ziele für eine Werbeaktion.

....

....

....

....

....

3. Die Mitarbeiter von Trendino überlegen, auf welche Weise sie die Werbeaktion durchführen sollten. Notieren Sie jeweils die Vor- und Nachteile der in der Tabelle aufgeführten Werbemittel.

Werbemittel	Vorteile	Nachteile
Prospekt		
Anzeige in Tageszeitung		
Plakat an Litfaßsäulen		
E-Mails an Kunden		
Werbebriefe an Kunden		

Situation
Erarbeitung
Zusatz
Forder

4. Planen Sie, wer umworben werden sollte (Streukreis) sowie wo (Streugebiet) und wann (Streuzeit) geworben werden sollte.

Planung der Werbeaktion	
Streukreis	
Streugebiet	
Streuzeit	

5. Begründen Sie, welches Werbemittel Sie der Trendino Computer-Shop GmbH für die geplante Aktion empfehlen.

....

....

....

6. Am Ende des Jahres überlegt der Geschäftsführer der Trendino Computer-Shop GmbH, ob die Werbeaktion erfolgreich war. Er betrachtet die folgende Grafik.

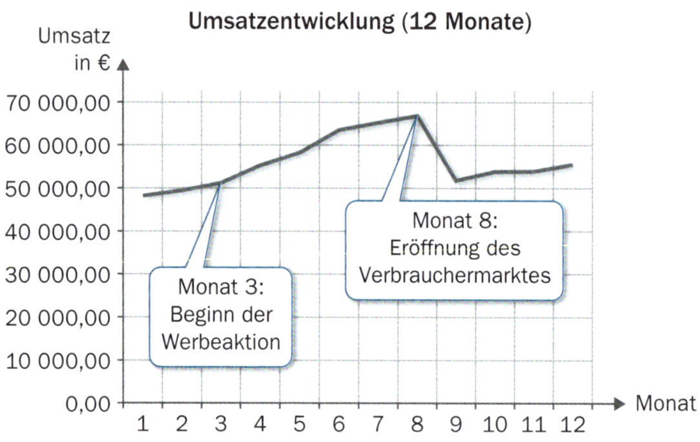

a) Beurteilen Sie anhand der Umsatzentwicklung, ob die Werbeaktion erfolgreich war.

....

....

....

....

b) Nennen Sie Kriterien, die zur Beurteilung des Werbeerfolgs außerdem geprüft werden sollten.

....

....

....

....

7. Empfehlen Sie der Trendino Computer-Shop GmbH drei Maßnahmen, um die neuen Kunden als Stammkunden zu halten.

....

....

5.1 Werbung im Einzelhandel

Erarbeitungsaufgaben

1. Unterscheiden Sie Ziele der Werbung.

....

....

2. Erläutern Sie Werbung als wichtigen Wirtschaftsfaktor.

....

....

....

3. Unterscheiden Sie zwischen Händler- und Verbraucherwerbung.

Händlerwerbung	Verbraucherwerbung

4. Es gibt verschiedene Werbeanlässe.

a) Nennen Sie Anlässe für Werbeaktionen.

....

....

b) Nennen Sie Werbeanlässe, die die folgenden Werbeaktionen haben könnten.

Werbeaktion	Werbeanlass
Rabattaktion zum 10-jährigen Jubiläum des Welt-Ladens	
Handzettel in den Briefkästen von 2000 Haushalten in Altstadt, um die Höhepunkte des Angebots vom Supermarkt brutto=netto OHG darzustellen	
Spendenaktion für das örtliche Kinderheim	
Kinderfest zur Eröffnung einer neuen Filiale des Schuhgeschäfts Graziano	
regelmäßige Anzeige in der Samstagsausgabe der Lokalzeitung	

5. Die Umsatzzahlen für das Modehaus Müller sind in den letzten Monaten stark gesunken. Die Geschäftsleitung möchte daher eine Werbekampagne starten.

a) Stellen Sie fest, um welche Werbearten es sich bei den nachfolgenden Werbemaßnahmen handelt.

Fortsetzung siehe folgende Seite

Situation
Erarbeitung
Zusatz
Forder

Werbemaßnahmen	Art der Werbung
aa) Modehaus Müller schaltet Anzeigen in verschiedenen Zeitungen.	
ab) Modehaus Müller wirbt zusammen mit den übrigen Geschäften in der Innenstadt für einen Tag der offenen Tür.	
ac) Modehaus Müller schreibt mittels eines Werbebriefes seine Stammkunden an und wirbt für den Tag der offenen Tür.	
ad) Modehaus Müller wirbt in den örtlichen Kinos für sein Sortiment.	

b) Erläutern Sie, in welchen Fragen sich die unter a) genannten Werbearten unterscheiden.

c) Das Modehaus Müller kann sich zwischen Allein- und Kollektivwerbung nicht entscheiden. Erläutern Sie je zwei Vorteile dieser beiden Werbearten.

Alleinwerbung	Kollektivwerbung

d) Nennen und erläutern Sie den Fachbegriff für eine Werbekampagne, die der Hersteller der Marke Krokodil für Jacken, die auch im Modehaus Müller angeboten werden, in verschiedenen Fernsehprogrammen durchführt.

e) Nennen Sie vier mögliche Werbegegenstände, die das Modehaus Müller in den Mittelpunkt der geplanten Werbung stellen kann.

6. Bei jeder Marketingaktion sollten die Grundsätze der Werbung eingehalten werden.

a) Nennen Sie die Grundsätze der Werbung.

b) Erläutern Sie die Grundsätze der Werbung an selbst gewählten Beispielen, die Sie für nicht gelungen halten.

a) Grundsätze der Werbung	b) Erläuterung an Beispielen

Zusatzaufgaben

1. Entscheiden Sie, ob die folgenden Werbeziele der brutto=netto OHG ökonomische **Ö** oder nicht-ökonomische **N** Ziele sind.

a) Jeder Haushalt im Stadtteil soll den Supermarkt kennen. ☐

b) Die Kunden sollen wissen, dass sie eine Auswahl nahezu aller Lebensmittel im Supermarkt finden. ☐

c) Der monatliche Umsatz soll um 5 000,00 € erhöht werden. ☐

d) Der jährliche Gewinn soll um 10 000,00 € erhöht werden. ☐

e) Die Kunden sollen Appetit auf frischen Spargel bekommen. ☐

f) Der Marktanteil soll um 20 % erhöht werden. ☐

2. Nennen Sie vier Werbeaktionen und erläutern Sie sie jeweils an einem Beispiel.

Werbeaktion	Erläuterung am Beispiel

3. Je nachdem, wer umworben und in welcher Weise geworben wird, stehen dem Werbetreibenden verschiedene Arten der Werbung zur Verfügung.

a) Erklären Sie die in der Tabelle aufgeführten Begriffe.

Art der Werbung	Erklärung
Einzelumwerbung	
Massen-umwerbung	
Alleinwerbung	
Gemeinschafts-werbung	
Sammelwerbung	
Verbundwerbung	

b) Ergänzen Sie die folgende Übersicht zu Werbearten.

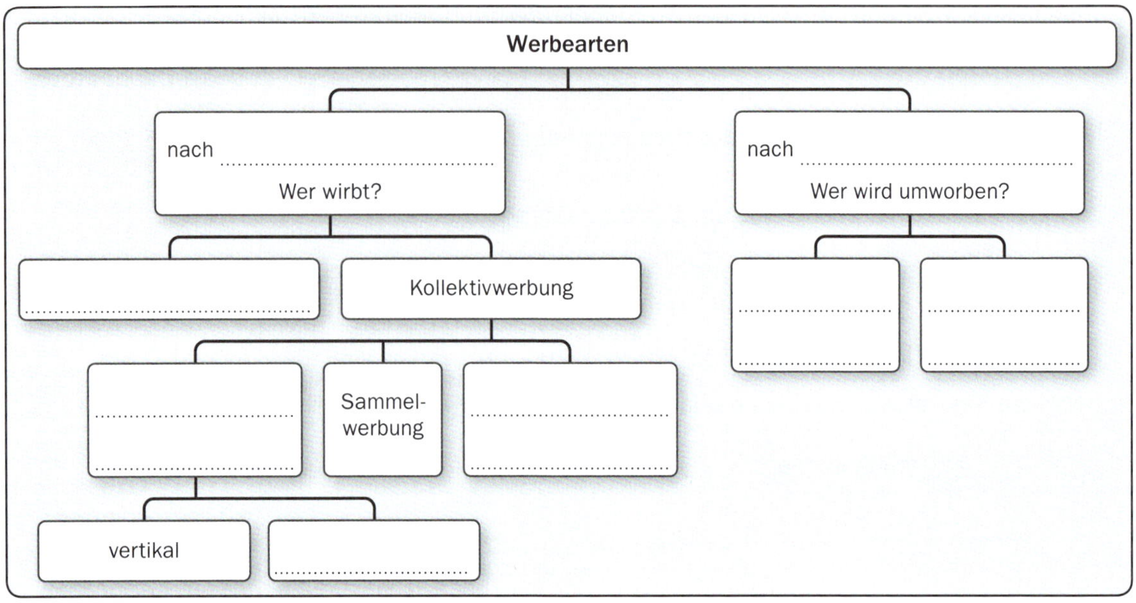

c) Verwenden Sie die in der Tabelle genannten Begriffe und erläutern Sie in einem Kurzvortag, welche Arten der Werbung in Ihrem Ausbildungsbetrieb vorkommen.

……………………………………………………………………………………………

……………………………………………………………………………………………

……………………………………………………………………………………………

……………………………………………………………………………………………

……………………………………………………………………………………………

……………………………………………………………………………………………

……………………………………………………………………………………………

4. Bei der Planung und Durchführung von Werbung sollten verschiedene Werbegrundsätze beachtet werden.

a) Nennen Sie vier Werbegrundsätze.

……………………………………………………………………………………………

……………………………………………………………………………………………

b) Ergänzen Sie in der Übersicht, welcher Werbegrundsatz jeweils erläutert wird.

Erläuterung	Werbegrundsatz
Die Werbung muss so beschaffen sein, dass die Nachfrager auch tatsächlich im Sinne der angestrebten Werbeziele beeinflusst werden.	
Die Kosten der Werbung sollen in einem vernünftigen Verhältnis zum Werbeerfolg stehen.	
Die Werbebotschaft soll leicht verständlich, eindeutig, einprägsam und nicht erklärungsbedürftig sein.	
Die Werbung darf nicht täuschen oder irreführend sein, sie muss sachlich richtig informieren.	

8. Nennen und erläutern Sie die Grundelemente einer Werbegestaltung. Beschreiben Sie aus den in Aufgabe 7 dargestellten Werbeanzeigen jeweils ein Beispiel für das genannte Grundelement.

Grundelement	Erläuterung	Beispiel

Zusatzaufgaben

1. Für die Gestaltung der Werbebotschaften ist die AIDA-Formel ein nützliches Instrument und wird daher in der Praxis häufig verwendet. Erläutern Sie die Bedeutung der Abkürzungen.

A =	
I =	
D =	
A =	

2. Nennen Sie drei Bedingungen, die die Sprache in Anzeigen und in anderer Werbung erfüllen sollte.

....

....

....

Situation
Erarbeitung
Zusatz
Forder

3. Für die Erstellung des Werbeplans wurden während eines Brainstormings folgende Begriffe gesammelt:

Auto/Bannerwerbung im Fußballstadion/Beilage in Zeitungen/Bus/Fernsehspot/Geruchsproben/Handy/Internet/Katalog/Kino/Ladenfunk/Plakate/Radio/Radiospot/Schaufenster/TV/Verkostung/Werbebriefe/Zeitung

a) Erläutern Sie die Begriffe Werbemittel und Werbeträger.

b) Entscheiden Sie für die gesammelten Begriffe, ob sie zu den Werbemitteln oder zu den Werbeträgern gehören.

	Werbemittel	**Werbeträger**
a) Erläuterung		
b) Beispiele		

4. Nennen und erläutern Sie die Elemente zur Gestaltung einer Werbeanzeige an der dargestellten Anzeige.

5. Um die Werbebotschaft gut zu vermitteln, wird empfohlen, sie aus Einzelbotschaften zusammenzusetzen.

a) Unterscheiden Sie zwischen Grundaussage und Kundennutzen.

....

....

....

b) Erläutern Sie, welche Grundaussage und welchen Kundennutzen die in Aufgabe 4 dargestellte Anzeige vermittelt.

....

....

....

5.1–5.2 Werbung im Einzelhandel/Werbung gestalten

Forderaufgaben

1. Erkundigen Sie sich nach den Kosten für Anzeigen in Ihrer Tageszeitung. Sie finden diese Angaben auf der jeweiligen Homepage unter „Mediadaten“ oder „Anzeigen“. Alternativ können Sie auch unter http://www.die-zeitungen.de/media/mediadaten/pdf-preislisten.html nachschauen.

a) Erklären Sie die unterschiedlichen Preise für Anzeigen in Ihrer Tageszeitung.

....

....

....

....

....

....

b) Ermitteln Sie den Tausenderpreis. Schätzen Sie den Anteil Ihrer Zielgruppe, die diese Anzeige lesen und berechnen Sie, wie viel Umsatz erzielt werden muss, damit sich eine solche Anzeige lohnt.

....

....

....

....

....

....

....

....

....

....

....

Situation
Erarbeitung
Zusatz
Forder

2. Ordnen Sie die folgenden Werbeaussagen den in der Tabelle aufgeführten sprachlichen Mitteln zu.

Schwer zu erklären, leicht zu erkennen: Renault.

Mars macht mobil.

Traditionell innovativ.

Gut zum Himmel. Gut zur Erde. Gut zum Kochen: Unser Erdgas.

Guten Happetit!

Die Frau ist weiblich.

Gut, besser, Paulaner.

Aral. Alles super.

Die schärfsten Kurven bringt er selber mit – Opel Astra.

Kaufen bei Spar – Sparen beim Kauf!

Bitte ein Bit!

Sprachliches Mittel	Erläuterung	Werbeaussage
Alliteration	Übereinstimmung im Anlaut von zwei oder mehreren Wörtern	
Anapher	Wiederholung des Anfangswortes bei aufeinanderfolgenden Sätzen, Versen oder Strophen	
Antithese	Entgegenstellung von Begriffen und Gedanken	
Chiasmus	Überkreuzung von syntaktisch oder semantisch einander entsprechenden Satzgliedern	
Ironie	etwas anderes als das Gesagte ist gemeint	
Komparativ	Vergleichsform der ersten Steigerungs-stufe	
Neologismus	Wortneuschöpfung	
Oxymoron	zwei Vorstellungen werden miteinander verbunden, die sich nicht entsprechen oder sogar ausschließen	
Stabreim	gleichlautender Anlaut von betonten Stammsilben	
Tautologie	Wiedergabe eines Begriffs durch zwei oder mehrere andere Synonyme	
Wortspiel	Zusammenstellung klangähnlicher, aber bedeutungsverschiedener Wörter	

5.3 Werbeplan erstellen

Erarbeitungsaufgaben

1. Damit der Umsatz und der Gewinn in den nächsten Monaten wieder steigen, plant Trendino umfangreiche Werbeaktivitäten in ihrem lokalen Umfeld. Trendino möchte dafür ca. 15 000,00 € ausgeben und beauftragt Sie, einen Werbeplan zu erstellen.

a) Lesen Sie die folgende Checkliste. Bilden Sie zu jedem der Planungspunkte eine Frage, die durch die Werbeplanung beantwortet werden soll.

b) Beantworten Sie die Fragen zu den Planungspunkten mit entsprechenden Vorschlägen.

Planung	**a)** Frage	**b)** Vorschläge
Werbeziel	Was soll mit der Werbung erreicht werden?	– Kundenneugewinnung – zusätzlicher Umsatz während der Werbeaktion: insgesamt 5 % – zusätzlicher Umsatz während der Werbeaktion: für Aktionsware 50 000,00 €
Werbe-objekt		
Zielgruppe (Streukreis)		
Werbe-botschaft		
Streugebiet		
Streuzeit		
Werbe-mittel		
Werbe-träger		

Situation
Erarbeitung
Zusatz
Forder

2. Der Geschäftsführer der Trendino ist mit dem neuen Werbeplan zufrieden. Abschließend möchte er noch den Erfolg seiner letzten beiden Werbemaßnahmen prüfen. Für das Sortiment „Fernseher" hat er in den Beilagen der lokalen Tageszeitung geworben und für Artikel des Sortiments „Mobile Kommunikation" mit einem Spot im örtlichen Kino und auf Plakaten.

a) Berechnen Sie anhand der vorliegenden Umsatz- und Kostenzahlen Werbeerfolg und Werbegewinn für beide Aktionen.

	Aktion „Fernseher"	**Aktion „Mobile Kommunikation"**
Umsatz vor der Werbung	46 400,00 €/Monat	26 660,00 €/Monat
Umsatz nach der Werbung	58 850,00 € /Monat	38 560,00 €/Monat
Werbekosten	6 580,00 €	2 810,00 €
Werbeerfolg		
Werbegewinn		

b) Erläutern Sie das Ergebnis.

....

....

....

....

....

3. In den letzten beiden Wochen hat die brutto=netto OHG zwei Artikelgruppen aus ihrem Sortiment beworben: „Bioprodukte" und „Fleisch und Wurst aus der Region". Der Umsatz für Bioprodukte stieg daraufhin um 13 %, der für Fleisch und Wurst um 19 %.

a) Umsatzzahlen für einen Vergleichszeitraum ohne Werbung hatten für Bioprodukte 23 550,00 €, für Fleisch und Wurstwaren 20 270,00 € ergeben. Berechnen Sie den neuen Umsatz nach der Werbeaktion.

....

....

....

b) Führen Sie eine Werbeerfolgskontrolle durch. Für die Werbung wurden insgesamt 3 500,00 € ausgegeben. Auf Bioprodukte entfielen 45 % der Kosten.

....

....

....

....

c) Geben Sie an, für welche Artikelgruppe sich die Werbung mehr gelohnt hat.

....

....

Zusatzaufgaben

1. Nennen und erläutern Sie die einzelnen Schritte der Werbeplanung.

	Schritt	Erläuterung
1		
2		
3		
4		
5		

2. Planen Sie zum Abschluss des Schuljahres ein großes Schulfest. Die Einnahmen aus dem Schulfest sollen der Neugestaltung der Aula zugutekommen. Das Fest kann auf dem Schulhof und im Foyer der Schule stattfinden. Für Essen und Getränke ist bereits gesorgt. Auch ein Diskjockey wurde bereits engagiert. Um ausreichend Werbung für das Fest machen zu können, wurden 300,00 € eingeplant.

a) Erstellen Sie die Werbeplanung.

	Schritt	Werbeplanung
1	Werbeziele	
2	Werbegegenstand	
3	Werbeetat	
4	Zielgruppe	
5	Streupläne	

b) Erläutern Sie, warum es wichtig ist, Streuverlust zu vermeiden.

....

....

c) Beschreiben Sie, wie Sie den Streuverlust bei der in a) beschriebenen Werbeaktion möglichst vermeiden können.

....

....

3. Bestimmen Sie Unternehmenskennzahlen, die Auskunft über den Erfolg einer Werbemaßnahme geben können.

4. Unterscheiden Sie zwischen ökonomischem und nichtökonomischem Werbeerfolg.

ökonomischer Werbeerfolg	nichtökonomischer Werbeerfolg

5. Stellen Sie eine Formel zur Bestimmung des Werbegewinns auf. Benutzen Sie dabei folgende Größen.

Kosten der Werbung/Umsatz nach der Werbung/Umsatz vor der Werbung

Forderaufgabe

1. Die Zeitschriften „Der Spiegel“ und „Segeln“ haben die in der Abbildung dargestellten Anzeigenpreise und verkaufte Auflagen.

Der Spiegel		Segeln	
	Anzeigenpreis für eine ganze Seite: 75 061,00 € Verkaufte Auflage: 6,79 Mio. Leser		Anzeigenpreis für eine ganze Seite: 5 700,00 € Verkaufte Auflage: 24 000 Exemplare

a) Beschreiben Sie die Zielgruppen dieser Zeitschriften.

b) Erläutern Sie, welche Zeitschrift Sie einem Hersteller von

ab) Herrenoberbekleidung

bb) wasserfesten Navigationsgeräten

cb) Autos

für eine Anzeige empfehlen würden.

c) Berechnen Sie den jeweiligen Tausend-Kontakt-Preis.

d) Erläutern Sie, warum der Tausend-Kontakt-Preis für die Fachzeitschrift „Segeln“ erheblich höher ist.

....

....

....

5.4 Werbeformen

Erarbeitungsaufgaben

1. Erläutern Sie den Begriff Verkaufsförderung und nennen Sie zwei Beispiele.

....

....

2. Stellen Sie fest, um welche Werbeform es sich bei den folgenden Maßnahmen handelt.
   a) Die Mitarbeiter eines Einzelhandelsgeschäfts verzichten auf ihre Weihnachtsfeier und spenden das Geld für einen wohltätigen Zweck. Die Überreichung des Schecks findet bei einem Pressetermin statt.

   ....

   b) Ein nahegelegenes Computergeschäft stiftet Computer für das Berufskolleg.

   ....

   c) Im Lebensmitteleinzelhandel werden den Kunden aus Anlass der Sortimentserweiterung Produktproben angeboten.

   ....

   d) Der hiesige Fußballverein trägt Trikots mit dem Firmenlogo eines bekannten Autohändlers.

   ....

   e) Der Hersteller eines neuen Produkts für Männerpflege schult das Personal einer Drogeriekette.

   ....

   f) Der Autor eines erfolgreichen Buches signiert seine Bücher in der Stadtbuchhandlung.

   ....

3. Bestimmen Sie, welche der nachfolgenden Maßnahmen der Verkaufsförderung zuzuordnen sind.
   a) Einladung an Pressevertreter ☐
   b) Preisausschreiben im Verkaufsraum des Einzelhandels ☐
   c) Einsatz von Hostessen ☐
   d) Unterstützung des Herstellers mit Hilfe von Displays für den Verkauf im Einzelhandel ☐
   e) Bandenwerbung in der Sporthalle des lokalen Handballvereins ☐

4. Bestimmen Sie, welche der nachfolgenden Aussage auf Verkaufsförderung zutrifft.
   a) Verkaufsfördermaßnahmen werden auch Public Relations genannt. ☐
   b) Verkaufsfördermaßnahmen werden auch Sales Promotion genannt. ☐
   c) Verkaufsfördermaßnahmen unterstützen andere Werbemaßnahmen. ☐
   d) Verkaufsfördermaßnahmen und andere Werbemaßnahmen werden immer getrennt voneinander geplant. ☐
   e) Die Kosten für Verkaufsfördermaßnahmen übernimmt in der Regel der Hersteller eines zu bewerbenden Produkts. ☐

Situation
Erarbeitung
Zusatz
Forder

5. Erläutern Sie, warum die Anzahl der Factory-Outlets in Deutschland zunimmt.

....

....

....

6. Der Geschäftsführer der Trendino Computer-Shop GmbH überlegt, ob er Direktmarketing als Werbemittel einsetzen sollte.

a) Nennen Sie zwei Vorteile von Direktmarketing.

....

....

b) Nennen Sie drei Möglichkeiten, Direktmarketing zu betreiben.

....

....

....

5.5 Verbraucherschutz

Erarbeitungsaufgaben

1. Formulieren Sie eine kurze Information zum UWG. Verwenden Sie die im Kasten dargestellten Begriffe.

Generalklausel des § 1/Lauterkeit (Qualität)/schadenersatzpflichtig/Schutz/Verbot

....

....

....

....

....

....

2. Nennen Sie drei Gruppen und deren Interessen, die durch das UWG geschützt werden sollen.

Gruppe	Interesse

5908202

3. Prüfen Sie, welcher der nachfolgenden Tatbestände gegen das UWG verstößt. Begründen Sie Ihre Entscheidung mithilfe der Paragrafen.

Beispiel	Verstoß gegen das UWG?
a) Ein Elektrofachgeschäft wirbt in einer Wochenendbeilage für Speicherkarten mit einem sensationellen Preis. Ein Kunde fährt am Montagmorgen sofort zu diesem Fachgeschäft, steht aber vor einem leeren Verkaufsregal.	
b) Ein Fachmarkt für Gartenbedarf verkauft über einen längeren Zeitraum Pflanzen und Blumen unter seinem Bezugspreis, bis eine nahegelegene Gärtnerei schließen muss.	
c) Ein ökologischer Obsthändler verkauft seine Erdbeeren auf dem Wochenmarkt unter seinem Bezugspreis, da die Erdbeeren übers Wochenende nicht mehr lagerfähig sind.	
d) Zu einer Werbeveranstaltung für Rheumadecken werden die Kunden mit der Ankündigung angelockt, dass jeder Kunde kostenlos Bettwäsche erhält.	
e) Ein Sportfachgeschäft wirbt kurz nach Ostern in einer Tageszeitung für Skier: „Skier für unter 100,00 € – Restposten aus der laufenden Saison." Zwei Tage später sind die Skier ausverkauft.	
f) Ein Lebensmittelhändler möchte sich von einem Teil seines Sortiments trennen und veranstaltet einen Räumungsverkauf.	

4. Suchen Sie Im Internet nach dem Stichwort „Merkblatt Gewinnspiel", das von einigen Industrie- und Handelskammern veröffentlicht wird. Visualisieren Sie die Regeln mit Stichworten auf einem Plakat.

5.4–5.5 Werbeformen/Verbraucherschutz

Zusatzaufgaben

1. Grenzen Sie die folgenden Werbeformen voneinander ab.

Werbeformen	Erläuterung
Verkaufsförderung	
Öffentlichkeitsarbeit	
Sponsoring	
Direktmarketing	

Situation
Erarbeitung
Zusatz
Forder

2. Ordnen Sie die folgenden Werbemaßnahmen den zutreffenden Werbeformen zu.

Werbeformen	
1	Direktmarketing
2	Öffentlichkeitsarbeit
3	Sponsoring
4	Verkaufsförderung

Werbemaßnahmen			
	E-Mail-Marketing		Spendenaktion
	Gewinnspiel		Sportsponsoring
	Homepage		Verkaufsdisplay
	Kostprobe		Werksverkauf
	Multi-Level-Marketing		

3. Erläutern Sie, was hinter dem Ausspruch „Tue Gutes und sprich darüber“ steckt.

....

....

....

4. UWG

a) Nennen Sie die volle Bezeichnung für das Gesetz, dessen Abkürzung UWG ist.

....

b) Erläutern Sie das Wort „unlauter“.

....

c) Erläutern Sie die Bedeutung des UWG.

....

....

....

5. Entscheiden Sie, gegen welche der genannten Paragrafen des Gesetzes gegen den unlauteren Wettbewerb (UWG) in den folgenden Bespielen verstoßen wird.

Regelung des UWG	
3	§ 3 UWG: Verbot unlauterer geschäftlicher Handlungen
4	§ 4 UWG: Beispiele unlauterer geschäftlicher Handlungen
5	§ 5 UWG: Irreführende geschäftliche Handlungen
6	§ 6 UWG: Vergleichende Werbung
7	§ 7 UWG: Unzumutbare Belästigung

	Beispiel
	Ein Elektronikfachmarkt mit zwei Filialen wirbt mit der Aussage: „Der größte Elektronikfachmarkt der Welt!“
	Ein Lebensmittelhändler wirbt für seine Kräuterbonbons: „Diese Bonbons können Krebs heilen!“
	Das Autohaus Meyer preist an: „Jeder Kilometer ein sicheres Vergnügen. Im Gegensatz zum Autohaus Schultze können Sie bei uns darauf vertrauen.“
	Ein Reisedienstanbieter wirbt: „Eine Woche Paris im Hotel mit Halbpension gratis! Wir erhalten lediglich eine geringe Bearbeitungsgebühr von 600,00 € von Ihnen.“
	Ein Buchhändler schickt einer Kundin, die ein Buch bei ihm gekauft hat, eine Werbemail für ein Plüschtier.
	Ein Lebensmittelhändler wirbt: „Riesige Gewinnchancen! Bei jedem Kauf von einer Packung Kaffee nehmen Sie an unserem Gewinnspiel teil.“
	Ein Callcenter bietet telefonisch den im öffentlich zugänglichen Telefonbuch aufgeführten Anschlussinhabern eine qualitativ hochwertige Markenware zu einem einmalig günstigen Preis bei kostenloser Lieferung an.
	Ein Lebensmittelhändler bietet an: „Bei Meier bezahlen Sie 8,00 € für jede Melone? Bei uns kostet Sie das nur 3,00 € pro kg.“

Situation
Erarbeitung
Zusatz
Forder

Forderaufgaben

1. Die E-Lux GmbH handelt mit Dampfreinigungsgeräten und vertreibt diese sowohl an Industriekunden als auch an Haushalte.

a) Eine Werbekampagne in den dritten Programmen des öffentlich-rechtlichen Rundfunks am Vormittag kostete 560 000,00 €. Der Umsatz vor der Werbung betrug 27 000 000,00 €, nachher war er auf 28 600 000,00 € gestiegen. Berechnen Sie die Werberendite.

....

....

b) Diskutieren Sie die Aussagefähigkeit und die Zuverlässigkeit dieser Größe.

....

....

....

....

c) In einer Fachzeitschrift wurde eine Anzeige mit einer Antwortkarte platziert. Auflage der Zeitschrift: 250 000 Stück. Im Durchschnitt wird die Zeitschrift von zwei weiteren Personen gelesen. Eine Hochrechnung aufgrund einer telefonischen Befragung bei ausgewählten Lesern ergab, dass sich etwa 100 000 an die Anzeige und das beschriebene Produkt erinnern konnten. 25 000 Antwortkarten mit der Bitte um weitere Informationen gingen ein. Davon bestellten später 4 500 einen Vertreter und 3 000 kauften das Produkt. Berechnen Sie die Werbekennziffern nach dem AIDA-Schema.

....

....

....

....

d) Erklären und interpretieren Sie diese Kennziffern.

....

....

....

....

....

....

e) Suchen Sie im Internet unter www.mediadaten.de geeignete Werbemedien für Dampfreinigungsgeräte aus.

....

....

....

f) Nennen Sie Werbemöglichkeiten, die E-Lux im Internet hätte.

....

....

Situation
Erarbeitung
Zusatz
Forder

2. Der Wettbewerb hat in einer Marktwirtschaft eine hohe Bedeutung.

a) Erläutern Sie die dargestellten Funktionen des Wettbewerbs.

Aufgabe des Wettbewerbs	Erläuterung
Antriebs- und Leistungsfunktion	
Steuerungsfunktion	
Koordinationsfunktion	
Schutz von Anbietern und Nachfragern	

b) Recherchieren Sie, in welchem Gesetz die folgende Regelung zu finden ist.

> Vereinbarungen zwischen Unternehmen, Beschlüsse von Unternehmensvereinigungen und aufeinander abgestimmte Verhaltensweisen, die eine Verhinderung, Einschränkung oder Verfälschung des Wettbewerbs bezwecken oder bewirken, sind verboten.

c) Nennen und erläutern Sie die wichtigsten Regelungen des unter b) genannten Gesetzes.

5.6 Verpackungsverordnung

Erarbeitungsaufgaben

1. Nennen Sie die Funktionen, die die Verpackung im Verkaufsraum übernimmt.

2. Ein Lebensmittel-Einzelhändler möchte aus Imagegründen den Umweltschutzgedanken fördern. Erarbeiten Sie begründete Vorschläge.

....

....

....

....

....

....

....

3. Unterscheiden Sie Verpackungsarten und nennen Sie die jeweiligen gesetzlichen Bestimmungen für die Rücknahme durch Händler bzw. Hersteller.

Verpackungsart	**Transportverpackungen**	**Umverpackungen (Doppelverpackungen)**	**Verkaufsverpackungen (Einzelverpackung)**
Beispiele			
Gesetzliche Grundlage für Rücknahme			

4. Bestimmen Sie, bei welchen der folgenden Verpackungen es sich um Transportverpackungen **T**, Umverpackungen **U** oder Verkaufsverpackungen **V** handelt.

a) Schrumpffolie für eine Europalette ☐

b) 1 l PET-Flasche Cola ☐

c) Marmeladenglas ☐

d) Pappschachtel für eine Tube Zahncreme ☐

e) Fischdose ☐

f) Karton für Margarinebecher ☐

g) Holzkiste für Waschmaschine ☐

5. Erläutern Sie die Rücknahmepflichten des Einzelhändlers bei der Transportverpackung und der Umverpackung.

....

....

....

....

....

....

....

Situation
Erarbeitung
Zusatz
Forder

6. Unterscheiden Sie Einweg-, Mehrweg- und Getränkeverpackungen.

....

....

....

....

7. Erklären Sie die bestehende Ausnahme bei Verkaufsverpackungen.

....

....

....

8. Beschreiben Sie die Pfanderhebungs- und Rücknahmepflichten aus § 8 I VVO.

....

....

....

Zusatzaufgaben

1. Ergänzen Sie die nachfolgende Tabelle zu den Funktionen der Verpackung.

Funktion	Erklärung	Beispiel
Transportfunktion Schutzfunktion		
Gebrauchs-funktion		
Informations-funktion		
Lagerungs-funktion		
Servicefunktion		
Werbefunktion		
Diebstahlsiche-rungsfunktion		

Situation
Erarbeitung
Zusatz
Forder

2. Kreuzen Sie die richtige Aussage zur Verpackungsverordnung (VVO) an.

a) Die VVO verpflichtet die Verursacher und Benutzer von Verpackungen, alle Verpackungen nach dem Gebrauch zu entsorgen. ☐

b) Die VVO verpflichtet die Verursacher von Verpackungen, alle Verpackungen nach dem Gebrauch zurückzunehmen und bei der Entsorgung mitzuwirken. ☐

c) Die VVO verpflichtet die Verursacher von Verpackungen, die Verpackungen, die nicht von der Vereinbarung über den grünen Punkt betroffen sind, nach dem Gebrauch zurückzunehmen. ☐

d) Die VVO verpflichtet die Verursacher von Verpackungen, die dem Dualen System angeschlossen sind, diese nach dem Gebrauch zurückzunehmen und bei der Entsorgung mitzuwirken. ☐

e) Die VVO verpflichtet die Hersteller von Verpackungen, alle Verpackungen nach dem Gebrauch zurückzunehmen. ☐

3. Geben Sie an, wer die folgenden Verpackungsarten zurücknehmen muss.

a) Transportverpackung

....

b) Umverpackung

....

c) Verkaufsverpackung

....

Forderaufgabe

Erste „Milchzapfstelle“ im Westallgäu eröffnet

Immer wieder werden sie in letzter Zeit gefragt, ob viele Leute bei ihnen am Hof Milch holen. „Nein, eigentlich bisher nicht“, sagt Hilde Rasch und lacht. Dennoch haben sie und ihr Mann Wolfgang nun einen Milchautomaten vor dem Hof in Wolfsried (Gemeinde Stiefenhofen) aufgestellt. „Es ist auch ein Experiment. Wir sind sehr gespannt, wie es angenommen wird“, sagt die 44-Jährige.

[…] Seit gestern steht das Gerät eines Schweizer Herstellers nun vor dem Hof der sechsköpfigen Familie an der Hauswand direkt an der Straße nach Oberstaufen und brummt. Rund um die Uhr kann hier jeder frische Heumilch holen, vorausgesetzt er hat eine Flasche oder ein anderes Behältnis dabei. Permanent wird die Milch in dem Schrank aus Edelstahl gekühlt und umgerührt. „Einmal am Tag stellen wir eine Kanne mit frischer Milch in den Automaten und reinigen das Gerät“, sagt Rasch. Optisch wirkt die Milchtankstelle wie ein großer Kühlschrank. In der Mitte befindet sich ein kleines Türchen, hinter dem sich der Zapfhahn verbirgt. Für einen Euro bekommt man einen Liter Vollmilch. Kontrolliert wird der Automat vom Veterinäramt.

Zwischen 18 und 20 Milchkühe stehen bei Familie Rasch im Stall, außerdem Jungvieh und ein paar Schweine. […]

Wenn Hilde und Wolfgang Rasch ihre Milch nicht bei der Genossenschaft abgeben, stellen sie damit selbst Käse her. Diesen verkaufen sie neben anderen regionalen Produkten seit über zehn Jahren in einem kleinen Hofladen im Keller und auf Märkten oder verschicken hin. „Wir sind keine typischen Landwirte, wir sind Exoten“, sagt Hilde Rasch über sich selbst und ihren Mann. Angefangen haben sie mit nur fünf Kühen und dem Käseverkauf im Haus. „Dazu passt auch der Milchautomat“, sagt Rasch. Im Landkreis Lindau gibt es derzeit insgesamt drei Milchtankstellen. Der Automat bei Familie Rasch ist der erste im Westallgäu.

Die Milch aus der Milchzapfstelle muss bei höchstens fünf Grad Celsius oder weniger gelagert werden, vor dem Verzehr auf 70 Grad erhitzt und innerhalb von drei Tagen aufgebraucht werden: Diese Hinweise stehen auf dem Milchautomaten. „Wir müssen darauf hinweisen, was die Menschen mit der Milch machen, ist ihnen überlassen“, sagt Wolfgang Rasch. Ob sich der Milchautomat für die Familie rechnet, wird sich zeigen. Neben dem Anschaffungspreis, kommen auch noch Stromkosten hinzu sowie der zeitliche Aufwand fürs tägliche Reinigen. „Wenn man es nicht ausprobiert, wird man es nie wissen“, gibt sich Hilde Rasch optimistisch.

Quelle: Allgäuer Zeitung, 11.04.2012

Fortsetzung siehe folgende Seite

Situation
Erarbeitung
Zusatz
Forder

a) Erarbeiten Sie anhand des Zeitungsartikels je drei Vorteile und drei Nachteile, die für bzw. gegen einen „verpackungsfreien" Verkauf von Milch sprechen. Berücksichtigen Sie dabei sowohl die Sicht des Kunden als auch die des Unternehmens.

	Vorteile der Verpackungsfreiheit	Nachteile der Verpackungsfreiheit
Kunden		
Unternehmen		

b) Der Preis für die Milch aus der Milchzapfsäule von Familie Rasch liegt mit 1,00 €/l deutlich über den Preisen von Milch aus dem Supermarkt. Stellen Sie begründet dar, wo Sie Ihre Milch kaufen würden.

c) Laut dem Statistischen Bundesamt wurden im Jahr 2013 in Deutschland pro Person 617 kg Müll erzeugt. Stellen Sie Überlegungen an, wie Sie als Konsument zur Reduzierung des Müllaufkommens beitragen können.

5908210

123RF.com, Hong Kong: Titelbild
Bergmoser + Höller Verlag AG, Aachen: 28.1
Caro Fotoagentur GmbH, Berlin: 166.1 (Bastian)
Deutsche Bundesbank, Frankfurt/Main: 136.1
Deutschlandstiftung Integration, Berlin: 192.1
dreamstime.com, Brentwood: 183.2 (Fotovika)
F1online digitale Bildagentur GmbH, Frankfurt/M.: 73.2
fotolia.com, New York: 7.1 (Jeremias Münch), 59.1 (Robert Kneschke), 62.1 (dudek), 73.1 (Picture-Factory), 73.3 (Klaus-Peter Adler), 114.1 (Ira Yapanda), 114.2 (ioannis kounadeas), 162.2 (openlens)
ING DiBa AG, Frankfurt: 194.1
iStockphoto.com, Calgary: 11.1 (kzenon)
JAHR TOP SPECIAL VERLAG, Hamburg: 200.2
Landgard Service GmbH, Straelen-Herongen: 11.2
Picture-Alliance GmbH, Frankfurt/M.: 54.1, 131.1, 131.2, 162.3 (CHROMORANGE/TipsImages/Al Satterwhite)
Resch Maschinenbau GmbH, Töging am Inn: 11.3
Saatchi & Saatchi Simko, Carouge: 192.3
SPIEGEL-Verlag Rudolf Augstein GmbH & Co. KG, Hamburg: 200.1
Telekom Deutschland GmbH, Bonn: 192.2
vario images, Bonn: 162.1 (Culture), 162.4

Infografiken: Claudia Hild, Angelburg